속마음 들키지 않고
할 말 다 하는
심리 대화술

속마음 들키지 않고
할 말 다 하는
심리 대화술

이노우에 도모스케 지음 | 오시연 옮김

 밀리언서재
Million Publisher

출근하기 싫어지게 만드는 사람들

지금 당신은 회사에서 부딪히는 사람들 때문에 골치를 썩이고 있지는 않나요? 상대는 상사나 동료와 같이 매일 마주치는 사람일 수도 있고 고객일 수도 있을 겁니다. 그들은 한마디로 당신을 성가시게 하는 사람들입니다.

우리 인간은 자신이 통제할 수 없는 일이 생겼을 때 스트레스를 받습니다. 대표적인 예가 바로 타인입니다. 남을 통제하는 것만큼 어려운 일이 없으니까요. 그 타인이 당신과 반드시 편안한 관계를 맺는다는 보장이 없죠. '저 사람이 좀 변하면' 내가 회사에서 조금이나마 쾌적하게 지낼 수 있을 텐데 하고 생각하기도 합니다.

하지만 실제로는 상대를 변화시키기가 무척 어렵습니다. 도저히 참을 수 없을 만큼 힘든 관계라면 차라리 내가 도망쳐버리는 게 빠르죠.

하지만 같은 직장에 다니는 사람이라면 쉽게 거리를 두거나 그 상황에서 벗어날 수 없습니다.

그렇다고 아무 행동도 하지 않고 줄곧 참기만 한다면 마음의 부담이 점점 커져 결국 주저앉고 말 것입니다. 저는 그런 사람들을 수없이 봐왔습니다.

저는 정신과 의사이자 산업의(직장에서 근로자의 건강을 관리하는 의사 – 옮긴이)입니다. 정신과 의사로 외래 진료를 하면서 매달 30개가 넘는 회사를 방문해서 사람들을 상담합니다. 직장인들의 고민 중에 압도적으로 많은 것이 인간관계에 관한 문제입니다.

회사에서 인간관계로 힘들어하는 것은 결코 드문 일이 아닙니다. 그러니 '나는 사회 부적응자'라고 자책할 필요 없습니다.

그런 사람들을 보면 '성가신 사람'을 진심으로 대하다가 크게 상처받고는 마음이 뚝 부러지는 경우가 많습니다. 결국 회사에 가기 두렵고 상대의 낯빛을 살피며 안절부절못하는 나날을 보내게 되죠.

이 책은 자신의 마음을 지키면서도 '성가신 사람'을 어떻게 대해야 하는지를 살펴봅니다. 평소에 진료를 보는 환자들에게 제안하고 또 실제로 효과를 보았던 방법입니다.

'실천하기 어려운 방법이 아니냐'고 걱정하는 사람도 있겠지만 그렇지 않습니다. 약간의 팁과 같은 방법이니 쉽게 따라 할 수 있을 것입니다.

'성가신 사람'의 심리적 배경을 파악하고 당신의 생각과 행동을 조금만 바꾸면 마음이 상당히 편해지는 것을 깨닫게 될 것입니다.

인간관계는 개별성이 강해서 상대에 따라 자신의 태도와 거리감이 달라지죠. 이 책에서는 상대를 유형별로 분류해서 효과적인 방법을 알려줍니다.

지금도 출근하는 날뿐만 아니라 휴일에도 '성가신 사람'의 얼굴이 어른거려 괴로워하지 않나요?

'저 사람을 어떻게든 해야 하는데 대체 어떻게 해야 할지 모르겠다'면 고민을 함께 해결해봅시다.

인간관계를 보는 관점을 조금만 바꿔도 나 자신을 지킬 수 있습니다. 앞으로는 상처받지 않으면서 잘 살 수 있을 것입니다.

이노우에 도모스케

9

프롤로그   출근하기 싫어지게 만드는 사람들 • 6

$\mathcal{P}art$ 1 **거침없이 다가와 내 마음을 무너뜨리는 심리**
온갖 빌런들로부터 나를 지키는 대화의 무기

네가 나가거나, 내가 나가거나? • 16

오피스 빌런 보존의 법칙 • 19

나를 성가시게 하는 것들의 정체 • 23

오피스 빌런의 심리를 파헤쳐라 • 25

빌런들의 표적이 되지 않으려면 • 31

첫 대면에 일단 선을 긋고 시작하라 • 33

나를 귀찮게 할 사람이라는 조짐 • 36

내가 만만한 사람으로 보일까? • 38

내 탓이 아니라, 네 탓이다 • 40

엉큼한 사람이 상처받지 않는다 • 43

속마음 들키지 않고
할 말 다 하는
심리 대화술

Part 2 상대가 눈치채지 못하게 심리적 거리 두기 대화법
할 말 다 하면서도 윗사람에게 인정받는 김 대리

가슴이 답답해지는 순간, 조심하라 • 48

맑은 눈의 광인 효과 • 51

여유로운 포식자처럼 행동하라 • 56

가끔은 큰 소리를 내라 • 60

상대가 반박하지 못하게 거절하는 법 • 62

조용히 나가기, 친구 차단 • 64

내 편이 되어줄 사람들을 만들어라 • 68

싹싹하지 않지만 일은 제대로 하는 사람 • 71

회사 앞 횡단보도에서 걸음을 멈출 때 • 73

오피스 빌런 하나씩 제거하기 • 75

Part 3 이해할 수 없는 사람과 소통하는 심리 대화
지적하지 않고도 직원들이 잘 따르는 정 팀장

꼰대 빌런보다 심각한 MZ 빌런 • 90

대화를 거부하는 사람은 관찰이 답이다 • 92

역대급 난이도의 소통법 • 97

공감하다 지치지 않으려면 • 101

신뢰를 한순간에 깨뜨리는 말습관 • 105

역갑질을 물리치는 2가지 대화의 포인트 • 109

지적하지 않으면서도 내 말을 듣게 하는 법 • 113

Part 4 자기밖에 모르는 동료를 내 편으로 만드는 법
분위기 깨지 않고 하고 싶은 대로 하는 박 사원

일하는 방식이 맞지 않을 때 • 126

휘둘리지 않을 정도의 거리 두기 • 129

끌려가지 않으려면 주도하라 • 133

좋지도, 나쁘지도 않은 중간 지대 • 135

대화를 차단하는 심리적인 시그널 • 138

미움받지 않고 잘 거절하는 방법 • 140

내 앞길을 가로막는 사람에 대처하는 법 • 143

Part 5 자존감을 지키면서 거절하는 심리 대화

만만하지 않은데 관계 좋은 거래처 강 차장

나를 지치게 하는 회사 밖의 빌런들 • 154

최대 10분 이상 대화하지 마라 • 156

사소한 일로 화를 내는 심리 • 159

나를 가스라이팅하려는 사람들 • 161

상대의 요구에 휘말리지 않는 3가지 요령 • 166

절대 굽히지 않는 상대의 마음을 흔드는 법 • 171

관계를 깨뜨리지 않는 거절의 기술 • 175

단호하지 않고 부드럽게 밀어내는 법 • 177

Part 6 어떤 상황에서도 내 마음 먼저 보호하기

언제나 쾌적한 마음의 습도 유지하기

남에게 도움받고 싶지 않은 심리 • 188

부담 없이 편하게 부탁하는 기술 • 191

나에게 '고맙다'고 말하라 • 194

하루에 한 번 성공 경험을 하는 법 • 198

90점을 받아도 실패했다고 느끼는 심리 • 201

성공이 쉬워지는 생각 습관 • 203

기분 나쁜 감정을 잘 흘려보내는 법 • 206

에필로그   나를 힘들게 하는 사람들에게 신경 끄기 • 210

온갖 빌런들로부터

나를 지키는 대화의 무기

Part
1

거침없이 다가와
내 마음을
무너뜨리는 심리

네가 나가거나, 내가 나가거나?

자신에게 불리한 사안은 무시하는 상사, 실수할 때마다 변명하기 바쁜 부하직원, 소문과 뒷말을 밥 먹듯이 하는 동료, 터무니없는 요구를 하는 고객……

이 책을 집어 든 당신 주변에도 이렇게 '성가신 사람들'이 있지 않나요?

일본 후생노동성이 발표한 '2018년도 노동안전위생조사'에 따르면 직장인들의 스트레스는 크게 3가지로 나눌 수 있습니다. 바로 업무량과 업무의 질, 인간관계입니다.

지금까지 산업의로 일하면서 만 명이 넘는 사람들을 상담해 왔는데, 위의 3가지 중 업무량이나 업무의 질 때문에 고민하는 경우는 거의 없었습니다.

업무량과 질은 주변 사람들과 상의해서 어느 정도 서로 배려할 수 있습니다. 산업의에게 도움을 요청하지 않고도 얼마든지 해결할 수 있는 것이죠.

하지만 해결하기도 어렵고 오랫동안 힘들어하는 것이 바로 인간관계입니다.

'일에 대한 고민의 80퍼센트는 인간관계 때문'이라는 말이 있을 정도입니다. 그렇다면 왜 사람들은 직장 내 인간관계로 고민하는 것일까요?

여기에는 2가지 이유가 있습니다.

• 상대와 관련된 문제이므로 쉽게 바꿀 수 없다.
• 인간관계가 고착화되어 있다.

인간관계는 업무량이나 업무의 질과 달리 눈에 보이지 않습니다. 그래서 상사에게 도움을 요청해도 대부분 개인적인 문제로 치부되고 말죠.

"상대방을 변화시키려고 노력해봤는데요……"라고 말하는 사람도 있습니다. 하지만 '다이어트를 시작할 거야!'라고 결심했다가도 종종 작심삼일로 끝나듯이 애초에 인간은 쉽게 변하지 않습니다.

회사에 도움을 요청해도 모든 사람들의 요구를 다 들어주다 보면 조직이 제대로 돌아가지 않는다는 형평성의 관점도 한몫합니다. 결국 '한 사람만 배려할 수는 없다'는 이유로 그냥 넘어가는 경우가 적지 않습니다.

문제 해결을 더욱 어렵게 만드는 것은 인간관계가 고착화되어 있다는 점입니다.

직원 수가 10명 이하인 기업은 물론 비교적 규모가 큰 회사도 대부분 부서 내에서만 교류하다 보니 거북한 사람을 피할 수 없는 것이 현실이죠.

기업에 따라서는 부서 이동을 요청하면 한 번 정도는 들어주는 제도가 갖춰진 곳도 있습니다. 하지만 본인이 원하는 업무를 할 수 있을지, 이동한 부서에서 새로운 인간관계를 잘해나갈 수 있을지 모른다는 위험도 있습니다.

이런 이유로 많은 사람들이 직장 내 인간관계로 고민합니다.

오피스 빌런 보존의 법칙

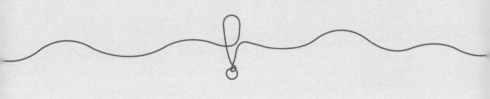

회사에서 인간관계로 인한 문제는 원래 해결하기 어렵습니다. 그중에서도 '특히 조심해야 할 성가신 사람들'의 유형이 있습니다.

우선 당신의 회사에 다음 5가지 유형에 해당하는 사람이 있는지 확인해봅시다.

1. 남을 헐뜯고 뒤에서 험담만 하는 사람

성인군자가 아닌 한 우리는 무심코 다른 사람에 대한 불만을 말하거나 때로는 험담과 비판을 하기도 합니다. 이것은 누구나 하는 일이죠.

여기서 말하는 것은 항상 남을 헐뜯거나 뒤에서 험담하는 사람입니다. 설령 나를 험담하는 것이 아니라 해도 매일 그런 사람과 얼굴을 마주하는 것은 매우 피곤한 일입니다. 자칫하면 그 자리에 같이 있었다는 이유로 한통속 취급을 받을 수도 있습니다.

이런 사람은 요주의 인물입니다.

2. 자신이 세상의 중심인 사람

시시때때로 자기 자랑을 하거나 반대로 자신을 비하하는 말을 하는 사람이 있습니다. 혹은 당신이 말하고 있는데 갑자기 "그건 아무것도 아니야! 나는 말이지……"라고 끼어들어서 자기 이야기를 하기 시작합니다.

이런 습관을 지닌 사람과 매일 함께 지내야 한다면 상당히 스트레스를 받을 것입니다.

3. 직장 내 갑질을 하는 사람

최근에는 갑질에 대한 의식이 높아졌는데도 여전히 많은 사람들이 불쑥불쑥 무신경한 말을 내뱉습니다. 더 곤란한 점은 이런 유형은 자신이 한 말에 상대방이 상처받았거나 불편해한다는 것을 알아차리지 못합니다.

성가신 사람 중에서도 주변 사람들이 가장 힘들어하는 유형이라고 할 수 있죠.

4. 무리한 요구를 하는 사람

'무리한 요구' 정도는 심각한 문제로 여기지 않는 경우가 많습니다. 하지만 무리한 요구는 직장 내 갑질에 가까운 행위입니다. 대부분 상사와 부하직원 관계에서 위력을 행사해 무리한 요구를 하기 때문이죠.

그런 관점에서 보면 의외로 주변에서 많이 볼 수 있는 유형입니다.

5. 남에게 책임을 떠넘기는 사람

직장에서 많이 볼 수 있는 전형적인 유형입니다. 상하 관계를 이용하거나 같은 동료인데 착한 사람에게 책임을 떠넘기고 자신은 쏙 빠져나가는 사람은 안타깝게도 늘 일정한 비율로 존재합니다.

책임을 떠넘겨도 되는 사람으로 인식되지 않도록 자신을 지켜야 합니다.

슬금슬금

거리 두기

이런 사람들이 직장에 있으면 다른 사람들의 기분이 상할 뿐 아니라 팀 분위기까지 나빠질 수 있습니다.

이렇게 성가신 사람에 대처하는 가장 쉽고 효과적인 방법이 있습니다.

그것은 바로 '거리 두기'입니다. '거리 두기'는 성가신 사람을 대할 때 알아둬야 할 철칙이라고 할 수 있습니다.

'군자는 위험한 곳에 가까이 가지 않는다'(《한비자》)는 말도 있 듯이 성가신 사람과는 아예 처음부터 엮이지 않는 것이 상책입 니다.

속마음 들키지 않고 할 말 다 하는 심리 대화술

나를 성가시게 하는 것들의 정체

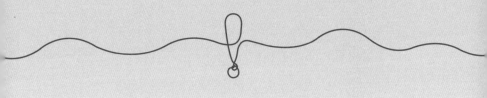

하지만 직장에서는 도저히 거리를 둘 수 없는 경우도 있지요. 그럴 때는 어떻게 하면 좋을까요?

우리는 성가신 사람을 보면 '좀 변하면 좋겠다', '저런 버릇을 고쳐야 할 텐데'라고 생각합니다. 하지만 이런 사람들과 관계를 맺을 때 '내가 옳으니 당신이 바뀌어야 한다'라고 말한들 상대는 절대 변하지 않습니다.

시간과 에너지 낭비일 뿐만 아니라 최악의 경우 관계가 더 꼬이고 심지어 당신이 상처받을 수도 있습니다.

'상대방을 바꿀 수 없다면 내가 변할 수밖에 없다'고 생각해야 할까요? 물론 내가 변할 수도 있습니다. 하지만 그전에 상대방이 어떤 사람인지 확실히 파악해야 합니다.

사람은 자신이 모르는 것에 두려움을 느끼기 쉽습니다. 알고 나면 별것 아닌데도 말입니다. 성가신 사람들은 가뜩이나 요주의 인물인데 그 사람을 이해하지 못하면 머릿속이 두려움으로 가득 차서 제대로 대처하지 못하게 됩니다.

모든 사람들은 어느 정도 적응력을 가지고 있습니다. 과거에 비슷한 유형의 성가신 사람과 관계를 맺은 적이 있다면 '또 이런 사람인가'라는 정도로 정신적인 여유가 생기듯이, 상대가 어떤 사람인지 아는 것만으로 다르게 대처할 수 있습니다.

성가시지만 피할 수 없는 사람에게서 자신을 보호하려면 먼저 그들이 어떤 유형에 속하는지를 알아야 합니다.

오피스 빌런의 심리를 파헤쳐라

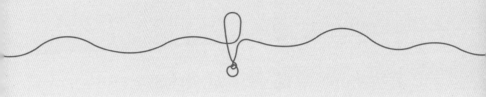

그러면·앞에서 얘기한 성가신 사람의 5가지 유형을 자세히 분석해볼까요?

1. 넘치는 인정 욕구

이 사람들의 특징은 '평등함을 남달리 강하게 의식한다'는 점입니다. 업무 능력이나 영업 실적, 심지어 외모에 이르기까지 모든 면에서 남보다 월등히 뛰어난 사람을 도저히 용납할 수 없는 것이죠. 그뿐 아니라 자신보다 '열등해' 보이는 사람에게도 극단적인 태도를 보입니다.

그들은 다른 사람과 보조를 맞추지 못하는 사람을 용납할 수 없으며 모두 똑같이 하는 게 당연하다고 여깁니다.

그들은 잘나가는 사람을 보면 이렇게 생각합니다.

'왜 저 사람만 저렇게 칭찬을 받지?'

'난 이렇게 힘들어 죽겠는데 저 사람들은 왜 저렇게 편해 보이지?'

결국 "저 사람은 뒤에서 이런 식으로 잔머리를 굴린다네요"라고 험담함으로써 마음에 들지 않는 사람의 평판을 깎아내리려 합니다.

더욱 주의해야 할 점은 그들은 노골적으로 험담하는 게 아니라 마치 '귀중한 정보'를 알려준다는 식으로 입을 연다는 것입니다. 이런 사람들이 하는 말을 절대 그대로 받아들이지 마세요.

모든 일에 자신과 같은 수준이 아니면 직성이 풀리지 않을 뿐 아니라 왜곡된 정의감으로 자신의 인정 욕구를 충족하는 사람입니다.

2. 사실은 불안감과 열등감

'나는 대단한 사람이야', '특별한 존재야'라며 자신을 드러내고 싶은 욕구를 도무지 주체할 수 없는 사람입니다.

예를 들어 이런 사람은 Y대학 출신인데, 회사에 그보다 좋은 S대학 출신의 신입사원이 들어왔다고 합시다. 그때부터 자신보다 학벌이 좋은 신입사원의 존재에 열등감을 느끼고 혹시 추월당하는 건 아닌가 하는 불안감이 솟구칩니다. 그래서 내가 더 뛰어나다는 것을 보여주기 위해 상대를 깔보고 오만한 태도로 대하기 시작합니다.

자신이 세상의 중심인 사람의 전형적인 행동입니다.

왜 그렇게 하는 걸까요? 근본적인 요인은 자기애입니다.

그들은 자신을 과대평가하고 자신의 능력을 과신합니다. 반면 이런 유형은 다른 사람에게 칭찬받지 못하면 자신의 가치를 느끼지 못하는 특성도 갖고 있습니다.

불안감과 열등감이 강하고 사실은 상처받을까 봐 두려워 필요 이상으로 자신이 얼마나 대단한지 주위 사람들에게 인정받으려 하는 것입니다.

3. 지나친 자기 과시욕과 자기애

영어 '해러스먼트(harassment)'를 한마디로 말하면 '상대가 싫어하는 행위'를 의미합니다. 한국에서는 괴롭힘, 또는 갑질이라고 하죠. 이것은 '자기가 세상의 중심인 사람'과 비슷한 성질을 갖고 있습니다.

요즘에는 '직장 내 괴롭힘', '갑질'이라는 표현이 일상적으로 쓰입니다. 예전에는 갑질이 없었냐면 그렇지 않습니다. 다만 지금은 인터넷과 SNS의 발달로 피해자들의 목소리가 쉽게 알려질 뿐 갑질은 과거에도 일상적으로 존재했습니다.

따라서 나이 든 사람일수록 '예전부터 이렇게 해왔는데 이제 와서 왜 이러냐'라고 생각하기 쉽습니다. 자신이 한 일이 큰 문제가 되는데도 '그런 의도가 아니었다'라고 변명하며 빠져나가려는 사람들이 많죠.

최근에는 신체적 폭력을 행사하는 사람이 상당히 줄었지만 언어폭력은 여전합니다.

"이렇게 쉬운 일도 못 해?"

"이래서 요즘 젊은 사람들은 안 된다니까."

"여자는 애교가 없으면 시집도 못 가."

이런 말을 아무렇지도 않게 하는 사람들이 꽤 있습니다.

이렇게 무신경한 사람들보다 더 골치 아픈 것은 의도적으로 상대를 상처 입히기 위해 '상대가 싫어하는 행위'를 하는 경우입니다.

산업의로서 악질적인 갑질 가해자의 이야기를 들을 때가 있는데, 그들은 거짓말하거나 무책임한 답변을 서슴없이 합니다. 자기 과시욕, 자기애가 강할 뿐 아니라 상대방에 대한 공감력과 상상력이 모자라는 사람입니다.

4. 갑질의 전 단계

무리한 요구를 하는 사람들도 공감력과 상상력이 부족해서 남들이 무엇을 싫어하고 무엇을 원하는지 모릅니다. 게다가 자기중심적이어서 자신의 편의를 위해서라면 주변 사람들이 희생되어도 어쩔 수 없다고 생각합니다.

이것은 갑질 일보 직전의 단계라고 할 수 있습니다.

다만 무리한 요구는 갑질과는 달리 강압적인 인상을 주지 않아서 상대의 공포심을 불러일으키지 않습니다. 하지만 그 요구를 거부하지 못한다는 점에서는 갑질과 다를 바 없습니다.

5. 성공은 내 탓, 실패는 네 탓

직장에서 자주 보이는 이런 유형의 사람들은 2가지로 분류할 수 있습니다.

먼저 자신이 혼나거나 상처받는 것을 극도로 두려워하는 유형입니다. 자신을 지키기 위해 저도 모르게 거짓말하거나 남에게 책임을 떠넘깁니다.

이 유형에 속하는 상사가 있다면 자신감은 없는데 연공서열 제도 덕분에 관리자가 된 경우입니다. 이런 사람은 윗사람에게 질 책당하지 않으려고 부하직원에게 책임을 떠넘기기 일쑤입니다.

그런 사람들에게 책임 전가하는 행위라고 일깨워주면 "그럴 생각은 전혀 없었어요. 미안합니다"라고 순순히 사과하기도 합니다.

그런데 또 다른 유형이 있습니다. 바로 자존심이 대단히 강하고 약간의 성공 경험으로 '내가 틀릴 리가 없다'고 믿어 의심치 않는 사람들입니다.

이런 사람들은 기본적으로 '내가 틀릴 리가 없으니 틀린 건 너'라는 생각이 머릿속에 박혀 있습니다. '성공하면 내 덕, 실패하면 네 탓'이라고 생각하며 주위 사람에게 책임을 떠넘기는 거죠.

속마음 들키지 않고 할 말 다 하는 심리 대화술

빌런들의 표적이 되지 않으려면

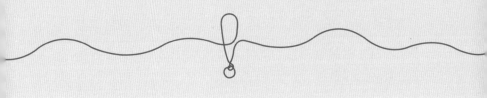

직장에서 성가신 사람들은 일단 자기중심적입니다. 의식적이든 무의식적이든 이들은 자신 때문에 남들이 상처받거나 희생해도 아무렇지 않습니다.

안타깝게도 이러한 특성은 절대 바뀌지 않습니다. 따라서 이런 사람들과 접촉할 때 가장 중요한 점은 그들의 표적이 되지 않도록 당신의 행동을 바꾸는 것입니다.

그들은 어쩌다 눈에 들어온 사람을 표적으로 삼는 게 아닙니다. 자신이 보기에 만만하고 여간해서는 목소리를 높이지 않는 사람, 즉 문제 삼지 않을 만한 사람을 선별합니다.

이 책을 집어 든 당신은 혹시 주위 사람들에게 '착한 사람'이라는 평가를 받지 않나요?

사실 당신과 같은 '착한 사람'은 성가신 사람에게 최고의 먹잇감입니다.

이 책은 상사나 부하직원 등 다양한 인간관계와 구체적인 상황을 예로 들어 성가신 사람의 표적이 되지 않는 방법을 자세히 설명합니다.

그들에게 선택받지 않도록 꼭 실천해보세요.

첫 대면에 일단 선을 긋고 시작하라

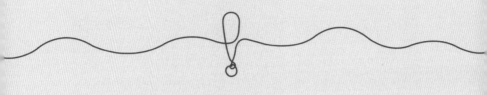

우선 성가신 사람에게 선택받지 않으려면 처음, 즉 첫 대면에서 어떻게 행동해야 하는지가 가장 중요합니다.

'이 사람은 표적으로 삼아도 괜찮겠는데'라는 인상을 주어서 관계가 고착화되면, 그 인상을 바꾸는 데 상당한 시간과 노력이 필요합니다. 기존에 알고 지내는 사람과 새로운 관계를 맺기는 여간 힘든 일이 아닙니다.

따라서 처음 만났을 때 상대가 어떤 유형인지 신속하게 파악해야 합니다. 어렵게 느껴질 수도 있겠지만 여기서 의외로 중요한 것이 '자신의 직감'입니다.

이 책을 펼친 당신은 상대의 말과 행동, 감정에 남보다 훨씬 민감한 편이 아닌가요?

그런 당신의 직감이 조금이라도 작동한다면 일단 그 직감을 믿어보세요. 5가지 유형 중 어디에 해당하는지는 모르겠지만 '왠지 선을 좀 넘는데?'라고 느껴지는 사람은 일단 조심해야 합니다.

처음부터 타인의 개인적인 공간에 서슴없이 발을 들이는 사람은 점점 강도가 심해질 수 있습니다. 왠지 모르게 느낌이 불편하다면 처음부터 너무 친하게 지내지 않도록 조절하세요.

물론 선입견을 가지고 사람을 판단하는 것은 좋지 않다고 생각할 수도 있지만, 그렇다고 '차갑게 대하라'는 말이 아닙니다.

상대에 대한 존중과 예의는 잊지 말아야 합니다. 하지만 처음부터 상대를 백 퍼센트 믿고 불필요하게 자신을 드러낼 필요 없다는 뜻입니다.

처음 만났거나 만난 지 얼마 안 된 사이인데 분위기를 띄우고자 묻지도 않은 자신의 실수나 사생활을 이야기하지는 않나요?

상대를 편하게 해주려는 배려심에서 자신을 노출하는 것이겠지만 성가신 사람 앞에서는 약점을 드러내는 행위이기도 합니다. 그들이 당신을 이용할 '여지'를 주는 것이죠.

성가신 사람들은 타인의 두려움과 의무감, 죄책감을 기가 막히게 자극합니다. 의식적이든 무의식적이든 그들은 사람들을 이용해서 자신의 요구를 관철하는 데 탁월합니다.

이런 위험한 사람에게 굳이 스스로 다가갈 필요는 없겠죠. 정말 믿을 수 있는 사람이라는 판단이 선 다음에 자신을 드러내도 늦지 않습니다.

또한 상사나 고객이라고 해서 필요 이상으로 자신을 낮추는 것도 좋은 대처법이 아닙니다. 그 사람이 자신을 싫어하게 되거나 사업상 협상에 실패할까 봐 무리한 요구를 들어준다면, 당신은 '일 잘하는 사람'이 아니라 만만한 사람으로 여겨져 점점 더 이용당하게 됩니다.

부하직원들도 예외가 아닙니다. 좋은 상사로 인정받고 싶은 마음에 본래 따끔하게 가르쳐야 할 일을 놓치면 부하직원들은 당신을 얕잡아볼 겁니다.

인간이 인간을 존중하는 자세는 비즈니스의 기본입니다. 물론 예의는 지켜야 하지만 틈을 보이면 상대를 이용하려는 사람들의 비위를 맞출 필요는 없습니다.

나를 귀찮게 할 사람이라는 조짐

자신의 직감을 믿으라는 말에 거부감이 드는 분들을 위해 언어가 아닌 다른 요소로 성가신 사람의 '신호'를 감지하는 법을 알려드립니다.

그것은 '품위가 있는가'를 살피는 것입니다.

여기서 말하는 '품위'는 단순히 우아한 척하는 것이 아닙니다. '품위 있는 사람'은 자신의 말과 행동으로 인해 상대가 어떤 기분이 들지 헤아릴 수 있고 상대를 배려하며 행동할 줄 아는 사람입니다.

얼핏 보면 아무 상관 없어 보이겠지만 품위는 도덕심과 관련이 있습니다. 이를테면 남의 물건을 함부로 다루거나 허락 없이 사용하는 사람은 규칙과 상식을 경시하거나 주변에 대한 배

속마음 들키지 않고 할 말 다 하는 심리 대화술

려가 부족하다고 할 수 있지요.

'나는 괜찮지만 다른 사람은 불쾌할 수도 있다'는 점을 생각할 줄 아는 사람이야말로 품위 있는 사람입니다.

물론 그들도 사람이니 때로는 배려가 부족한 행동을 하지만, 그것이 이기심에서 나온 행동인지 아닌지는 어느 정도 알 수 있습니다.

'품위'를 하나의 기준으로 삼고 상대방을 살펴보세요.

내가 만만한 사람으로 보일까?

성가신 사람은 자신이 보기에 만만한 표적을 선택한다고 했습니다. 그들이 표적으로 삼는 사람에게는 공통점이 있습니다.

자신을 희생해서라도 상대와의 관계를 원만하게 유지하고 일을 크게 벌이고 싶지 않은 사람일수록 표적이 되기 쉽습니다.

인간관계로 고민하는 사람들 중에는 선량하고 마음이 고운 사람들이 많습니다. 그들은 '내가 좀 손해 보고 상처받아도 괜찮다'라고 생각하는 경향이 있습니다. 하지만 성가신 사람에게도 이렇게 대하면 심각하게 마음을 다칠 수 있습니다.

당신이 가장 중시해야 할 것은 타인이 아닌 내 마음의 평화입니다.

비즈니스를 할 때 가장 우선시되는 것은 바로 업무 능력입니

속마음 들키지 않고 할 말 다 하는 **심리 대화술**

다. 그것만 갖추고 있으면 억지로 상대와 잘 지내려 하거나 상
대의 호감을 사려고 전전긍긍하지 않아도 됩니다.

무심코 자신의 기분보다 상대와의 관계를 중요시하는 사람
도 있겠지요. 그들에게는 '어떤 인간도 모든 사람에게 사랑받
을 수는 없다'라고 말해주고 싶습니다.

가령 100명이 있다면 100명 모두 당신을 싫어하기는 어렵지
않을까요? 100명 중 단 한 명이 당신을 싫어해도 99명은 싫어
하지 않을 수 있습니다.

그 반대도 마찬가지입니다. 그중 한 명이 당신을 좋아한다고
해서 나머지 99명도 좋아한다는 보장은 없죠.

우선 그 점을 머릿속에 집어넣고 나서 사람들과 교류하는 방
식을 다시 검토해봅시다.

내 탓이 아니라, 네 탓이다

희생되기 쉬운 사람의 또 다른 공통점은 모든 일을 자기 탓으로 돌리는 성품입니다.

사람은 참으로 이상한 존재입니다. 누가 봐도 상대가 잘못했다는 걸 알면서도 그 사람이 당신이 잘못했다고 계속 우기면, 무심코 '나도 잘못한 부분이 있나?', '다른 사람이라면 좀 더 제대로 했을까?'라고 고민하기 시작합니다.

그래서 동료에게 의논하면 "저 사람은 원래 그런 사람이니까 신경 쓸 것 없어요"라고 당신을 감싸줄 수도 있지만, "좀 유별나긴 하지만 그렇게 나쁜 사람은 아니에요"라고 상대를 편드는 일도 있을 겁니다.

하지만 여기서 중요한 것은 주위에서 어떻게 말하느냐가 아

속마음 들키지 않고 할 말 다 하는 심리 대화술

닙니다.

거듭 말하지만 성가신 사람은 만만한 표적을 선택합니다. 자기가 무리한 요구를 해도 괜찮을 것 같은 상대를 말이죠.

"다른 사람한테는 아무 말도 하지 않는데 나한테만 이러는 건 내게도 잘못이 있어서가 아닐까?"라고 고민하지 마세요.

예를 들어 상사가 당신에게 '일에 대한 열의와 노력이 부족하다'라고 지적했다고 합시다. 처음에는 '그렇지 않은데?'라고 생각했지만, 그 말을 여러 번 듣다 보면 생각이 바뀝니다.

'그러고 보면 일요일에 업무 관련 내용을 공부할 생각이었는데 건너뛰었구나.'

'어제는 휴식 시간을 너무 많이 잡아먹었네?'

이렇게 '나도 잘못한 점이 있다'라고 생각하며 별것 아닌 것까지 끄집어내서 성찰하게 됩니다.

차분히 생각해보면 그 정도는 누구나 하는 일입니다. 원래 휴일과 휴식 시간을 어떻게 보내든 업무 평가에 아무런 영향을 미치지 않습니다.

그런데 성가신 사람에게 선택받으면 교묘하게 통제당하면서 점점 자신을 부정적으로 생각하는 늪에 빠지고 맙니다.

타인을 책망하기보다는 자신을 책망하는 경향이 강한 사람들이 있습니다. 모든 일을 자기 탓으로 돌리는 것은 문제의 씨앗이 될 수도 있습니다.

때로는 '내 탓이 아니야!', '나는 잘못하지 않았어!'라고 당당하게 생각해도 됩니다.

엉큼한 사람이 상처받지 않는다

지금까지 성가신 사람에게 선택되지 않으려면 어떻게 해야 하는지 알아봤습니다. 하지만 현실에서는 이런 방식만으로 충분하지 않습니다.

표적이 되지 않으려면 바로 '엉큼한 사람'이 되어야 합니다.

인간관계로 고민하는 사람은 기본적으로 착한 사람들입니다. 그래서 엉큼한 사람이 되라고 하면 꺼림칙한 기분이 들지도 모르겠네요.

하지만 엉큼한 사람이 된다는 것은 성가신 사람에게 '무슨 생각을 하는지 모르는 사람'이 되라는 뜻입니다.

그런 사람이 되려면 다음 3가지를 지켜야 합니다.

1. 타인이 하는 말을 백 퍼센트 믿지 않는다.

'부장님이 그렇게 말씀하셨으니까 꼭 그렇게 해야 해', '이렇게 하면 안 돼'라고 고지식하게 반응하지 않아도 됩니다. 그러면 순종적인 사람들을 이용하려는 사람들이 다가올 테니까요.

2. 사회적 위치에 상관없이 동등하게 바라본다.

상사가 자기 실수를 당신 탓으로 돌리려고 할 때 '이 사람은 전형적인 성가신 사람이구나'라고 생각하는 것은 당신의 자유입니다. 마음속은 누구에게도 보이지 않으니까요. 마음속까지 착한 사람이 될 필요는 없습니다.

앞에서 성가신 사람과 거리 두기를 하는 게 가장 효과적이라고 했습니다. 그들을 객관적으로 바라보며 심리적인 거리 두기를 하는 것도 매우 중요합니다.

3. 상대의 말과 행동에 민감하게 반응하지 않는다.

조금 난이도가 높아 보이지만 일단 상대가 무리한 요구를 하거나 책임을 떠넘겨도 가능한 동요하지 않도록 하세요.

동요하고 있다는 것을 들키는 순간 성가신 사람의 표적이 됩니다. 말을 많이 할수록 상대에게 말려들기 쉽고 당신을 이용할 빌미를 제공하는 것이죠. 결국 상황은 상대에게 유리하게 흘러갈 것입니다.

평소에 너무 많이 웃지 않는 것도 효과적입니다. 주변 사람을 보면서 '저 사람, 얼굴은 웃고 있지만 가만 보면 눈이 웃고 있지 않네?'라고 생각한 적은 없나요?

성가신 사람과 대화할 때는 그 모습을 떠올려보세요. 싱글벙글 웃으며 마냥 즐겁다는 듯이 이야기하면 그들은 '이 사람은 내 말을 잘 듣겠는데?'라고 생각할 수 있습니다.

엉큼한 사람이 되기 위한 3가지 핵심 사항을 실천할 때는 '모든 사람에게 그렇게 대할 필요 없다'는 점을 명심하세요.

사람에 따라 태도를 바꾸는 것에 죄책감이 들 수도 있지만 성가신 사람들이야말로 아무렇지도 않게 사람에 따라 태도를 바꿉니다.

여러 번 이야기했듯이 가장 중요한 것은 자신이 상처받지 않는 것입니다.

나 자신을 방어할 수 있도록 꾸준히 연습해봅시다.

할 말 다 하면서도

윗사람에게 인정받는 김 대리

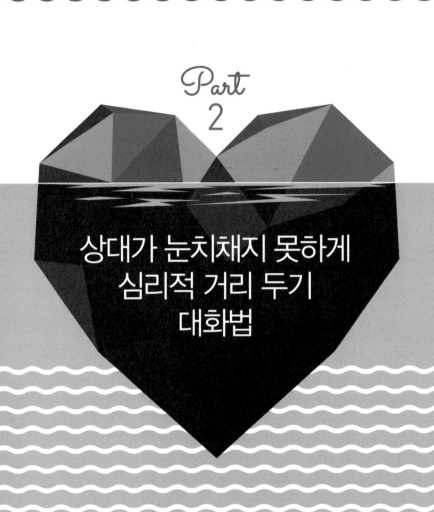

Part
2

상대가 눈치채지 못하게
심리적 거리 두기
대화법

가슴이 답답해지는 순간, 조심하라

    개인적인 생활과 달리 직장에서는 자신의 의지만으로 성격이 맞지 않는 사람을 피하기가 쉽지 않습니다. 상대가 상사라면 가슴이 답답해지거나 불쾌한 기분을 느끼면서도 어떻게든 잘해 보려고 할 것입니다.

    성가신 사람은 물리적으로 거리를 두는 것이 가장 중요하지만 자신을 나쁘게 평가하지 않을까 걱정되면 일을 키우지 않고 되도록 조용히 넘어가고 싶은 것이 인지상정입니다.

    하지만 심신의 건강을 위해서는 결코 그것이 최선이라고 할 수 없습니다. 억지로 인간관계를 유지하려다 스트레스를 받아서 적응장애나 우울증으로 발전하기도 하니까요.

    일단 병에 걸리면 회복하는 데 상당한 시간이 걸립니다. 그런 사태를 예방하기 위해 해야 할 일은 단 하나, 상담입니다. 상투적인 해결책이라고 생각할 수 있겠지만 여기서 중요한 것은 상담을 해주는 상대입니다. 먼저 당신과 잘 맞지 않는 상사의 윗사람이나 인사과에 이야기해보세요.

착한 당신은 이런 상담 요청이 오히려 일을 크게 만드는 것 같아서 내키지 않을지도 모릅니다. 하지만 동료에게 그 사람 험담을 하는 것만으로는 일시적으로 기분이 좋아질 뿐 근본적인 해결이 되지 않습니다.

또한 회사라는 조직은 직원이 장기간 휴직하는 것을 커다란 손실로 간주합니다. 그러므로 리스크를 회피하기 위해 부서 이동을 하거나 다른 사람을 끼워 넣어 지시 체계를 바꾸는 등의 조치를 하는 경우도 꽤 있습니다.

상담을 요청하면 혼자 문제를 끌어안고 고민하는 것보다 훨씬 구체적인 해결책을 찾을 수 있습니다.

회사에 산업의가 있다면 도움을 청하는 것도 좋은 방법입니다. 실천하기 어려운 방법이라는 생각이 들지도 모릅니다. 하지만 산업의는 당신의 상황이나 고민을 제삼자의 관점에서 회사에 전달할 수 있습니다. 또한 산업의의 의견은 회사에 받아들여지기 쉽다는 이점도 있습니다.

원칙적으로 횟수 제한은 있겠지만 산업의가 제안해서 부서 이동을 신청할 수도 있습니다.

아무것도 하지 않고 가만히 있으면 누구도 당신의 상황을 알아차리지 못합니다. 스트레스를 받아서 몸과 정신이 나빠지기 전에 신호를 보낸다는 생각으로 상담을 요청해보세요.

맑은 눈의 광인 효과

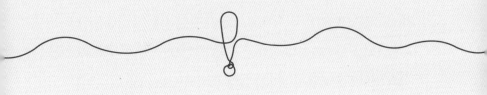

상담의 중요성을 이야기했지만 상담해도 해결하기까지 시간
이 걸리거나 협조를 구하기 힘든 경우도 있습니다. 그럴 때 자
신을 지키는 방법을 살펴보겠습니다.

우선 상대와 대화할 때 되도록 무반응으로 대하는 것입니다.

대화를 주고받으면서 어떻게 아무 반응도 안 할 수 있냐는
의문이 들 것입니다. 상사의 물음에 대답도 하지 말고 무표정
하게 뚱하니 있으라는 뜻이 아닙니다.

여기서 '반응하지 않는다'는 것은 상대가 원하는 것을 쉽게
제공하지 말라는 의미입니다.

예를 들어 성가신 상사가 맞장구나 동의를 원한다고 느낄 때
적당히 맞춰주고 있지 않나요? 물론 동의하는 척하면 그 순간

은 편하게 넘어갈 수 있습니다.

하지만 여러 번 반복하면 상대는 당신의 부드러움의 틈새를 비집고 들어와 점점 더 심한 요구를 하게 됩니다.

평소에는 원활하게 소통하는 것이 무엇보다 중요합니다. 그러나 싱가신 사람들의 비위를 맞추기 위해 필요 이상으로 밝게 반응하거나 그와 반대로 자신의 감정을 솔직하게 드러내는 것은 좋은 방법이 아닙니다.

업무상 필요한 대화는 최소한의 반응으로도 충분합니다.

'내 말에 즉각적으로 반응하는 사람', '매사에 쉽게 감정적으로 대응하는 사람'이라고 여겨지면 상대가 자신을 이용할 기회를 주게 됩니다.

그렇지만 마음먹었다고 해서 며칠 만에 자신의 태도를 확 바꾸기는 힘들겠죠. 언제나 웃는 얼굴로 맞장구를 쳐주던 당신이 갑자기 과묵해져서 퉁명스러운 대답으로 일관하면 사람들은 처음에는 '어디 몸이 안 좋은가?'라고 걱정하다가 나중에는 당신 자체를 부정적으로 평가할 수도 있습니다.

그렇게 되지 않기 위해서라도 나름의 단계를 밟아가며 대처 방식을 바꾸는 것이 좋습니다.

어느 날 갑자기 태도를 확 바꾸지 말고 매일 작은 목표를 세

속마음 들키지 않고 할 말 다 하는 심리 대화술

워 실천하면서 서서히 반응 태도를 바꿉니다.

예를 들어 처음에는 '오늘은 상사가 맞장구를 원하는 타이밍 중 한 번은 무반응으로 지나친다'라는 식이죠. 이런 방식으로 매일 조금씩 실천하는 것입니다.

'저 사람 언제부터인지 좀 달라졌는데? 예전과 달리 반응이 별로 없고 무슨 생각을 하는지 알 수가 없네.'

상대가 이렇게 생각하도록 만드는 것이 최종 목표입니다.

지금까지 누구에게나 부드럽게 반응해온 당신에게는 용기가 필요한 일입니다. 하지만 일단 작은 것부터 시도해보고 그것을 해내면 자신을 마음껏 칭찬해주세요.

타인에게 냉랭하게 대한 자신을 칭찬하는 것이 뭔가 어색하다면, '자신을 귀하게 여겼다'고 생각해보세요. 마음이 가벼워질 거예요.

요즘은 온라인으로 화상회의를 하는 경우도 늘었습니다. 온라인은 대면 회의보다 사람과 거리를 두기 쉬우므로 좋은 기회인 셈입니다.

여러 명이 참여할 때는 특히 당신이 어떻게 반응하는지에 집중하지 않으니 무반응을 연습하기에 좋습니다.

하지만 그중에는 당신이 최소한으로 반응하려 하는데 굳이 말을 걸거나 동의를 요구하는 상사도 있을 것입니다. 그럴 때도 기본적으로는 반응하지 않는 것이 좋지만 어렵다면 상대의 요구를 백 퍼센트 받아들이지 않는 데 중점을 두세요. 처음에는 맞장구 1회부터 시작해서 받아들이는 횟수를 점차 줄여나가 보세요.

그러면 결국에는 모든 것에 무반응으로 대처하는 거 아니냐고 생각될 것입니다. 상대의 요구 중 마지막 하나는 들어준다고 생각하면서 대처하면 원만하게 마무리할 수 있습니다.

이때 주의해야 할 점은 어디까지나 성가신 상사에게만 이렇게 해야 한다는 것입니다.

모든 사람에게 무반응으로 대하면 그저 퉁명스러운 사람이 될 뿐입니다. 결국 당신에 대한 평가를 떨어뜨리는 일입니다.

성가신 상사가 당신의 동료에게 이렇게 말할 수 있습니다.

"김 대리가 요즘 무슨 말을 해도 알아들었는지 잘 몰라서 일을 맡기기 힘드네."

그러면 동료는 이렇게 대답하는 것입니다.

"그런가요? 저는 잘 모르겠는데요?"

상사만 그렇게 느끼는 상태로 만드는 것이 가장 좋습니다.

여유로운 포식자처럼 행동하라

성가신 사람이 눈앞에 있을 때, 다음과 같이 행동하면 자신감이 없어 보이고 만만한 먹잇감으로 인식됩니다.

다음 중 자신에게 해당하는 항목이 있는지 확인해봅시다.

- 긴장된 모습으로 흠칫거린다.
- 상대를 두려워한다.
- 상대의 비위를 맞춘다.
- 아무 말도 하지 않는다.
- 지나치게 겸손하다.

상대가 불편해하거나 의식적으로 잘 지내려고 노력하면 아

속마음 들키지 않고 할 말 다 하는 **심리 대화술**

무래도 위와 같은 모습을 보이기 쉽습니다. 하지만 이런 태도는 상대의 공격 본능을 자극합니다.

곧바로 태도를 개선하기는 어렵겠지만 상대의 비위를 맞추지 말고 정신적으로 여유 있는 것처럼 보이려고 노력해봅시다. 물론 마음대로 되지 않겠죠. 여기서 중요한 것은 '~처럼 보이는 것'입니다. 근본적인 성격까지 바꿀 필요는 없습니다.

1. 천천히 낮은 목소리로 말한다.

'사람은 외모가 90%'라는 말이 있습니다. 여기서 '외모'에는 목소리도 포함됩니다. 인상의 40퍼센트는 목소리로 결정된다는 말이 있을 정도로 목소리는 사람의 이미지를 크게 좌우합니다.

목소리 톤이 높은 사람은 밝고 젊은 인상을 주지만 믿음직하거나 강인하다는 느낌을 주기는 어렵습니다. 또 말하는 속도가 빠르면 아무래도 차분하지 않다는 인상을 줍니다.

반면 천천히 낮은 목소리로 이야기하면 침착한 인상을 줄 뿐 아니라 어떨 때는 사람이 쉽게 다가가기 어려운 위엄을 줄 수도 있습니다.

2. 대답을 너무 빨리하지 않는다.

우리는 대화할 때 보통 상대의 기분에 맞추기 위해 빨리 대답하려고 합니다. 하지만 성가신 사람과 얘기할 때는 대답을 너무 빨리 하지 않는 것이 요령입니다.

상대의 이야기가 끝나면 2초 정도 틈을 뒀다가 말해보세요. 상대가 불편해할 정도가 딱 좋습니다.

당신이 직접적으로 거리를 두기 힘든 사람과 가까워지지 않는 단 하나의 방법입니다. '가까이하기 어려운 사람이네. 친해지기 힘들겠어'라고 생각하는 것이 좋습니다.

처음에는 껄끄럽고 어색하겠지만 점차 대화 자체가 줄어들기 때문에 죄책감과 스트레스도 점점 느끼지 않을 것입니다.

3. 바른 자세를 취한다.

사무직에 종사하면 책상 앞에 앉아서 오래 일하기 때문에 등이 구부정해집니다. 그런데 이 자세는 특히 자신감이 없어 보입니다.

등을 쭉 펴고 어깨를 뒤로 젖히고 가슴을 펴보세요. 이것만 해도 자신감이 넘치는 사람으로 보일 거예요.

또 바른 자세를 유지하고 있으면 자연스럽게 긍정적인 생각

을 하게 됩니다. 바른 자세는 상대에게 긍정적인 인상을 줄 뿐
아니라 자신에게도 좋은 영향을 미치니 일석이조인 셈이죠.

4. 상대의 눈을 보면서 말한다.

성가신 사람과 눈을 맞추면서 말하기는 어렵고 거북할 수 있
습니다. 하지만 대화 중에 시선을 피하면 "내 얘기 듣고 있어?"
라고 트집 잡히거나 자신 없어 보이는 인상을 줍니다.

그렇다고 해서 눈을 똑바로 뜨고 뚫어져라 쳐다보면 너무 부
정적으로 생각할 수도 있으니 10초에 한 번 정도는 시선을 다
른 곳에 두는 것이 좋습니다.

상대의 눈을 쳐다보기가 너무 힘들다면 그 사람의 미간을 보
는 것은 어떨까요?

처음에는 힘들겠지만 조금씩 행동을 바꿔봅시다.

가끔은 큰 소리를 내라

당신 주변에는 '무슨 일이든 절대 큰 소리를 내지 않고 그저 잠자코 있는' 사람이 없나요? 성가신 사람들은 이런 사람들을 표적으로 삼습니다.

대화할 때는 반드시 한 번은 어떤 내용이든 발언하도록 노력해보세요.

대화 중간에 입을 여는 것이 힘들다면 대화가 끝날 무렵에 "그럼 마지막으로 확인해보겠습니다. 오늘 결정한 ○○은 관계 부서와 공유해도 되겠습니까?"라고 확인하거나 대화가 끝난 뒤 개인적으로 질문해도 됩니다.

여러 사람들 앞에서 발언하기가 힘든 사람이나 회의에서 의견을 말하거나 질문하는 것을 좋게 여기지 않는 조직은 일대일로 말해도 됩니다.

그 사람 앞에 서면 위축되어 도저히 입이 떨어지지 않는다면 좀 더 편한 동료에게 말하는 것부터 시도해보세요. 그렇게만 해도 당신의 인상이 달라질 것입니다.

곤란할 때 제 목소리를 낼 수 있는 것과 평소에 발언하는 것은 전혀 상관없다고 여겨질 수 있겠지만, 여기서 중요한 것은 '무슨 일이든 잠자코 있다'라는 인상을 주지 않는 것입니다.

상대가 반박하지 못하게 거절하는 법

성가신 사람 앞에서 자신을 지키는 비결을 살펴봤습니다. 확실하게 안전한 구역에 들어가고 싶다면 성가신 사람에게 '아니오'라고 말할 수 있어야 합니다.

하지만 상대도 어떻게든 자신의 요구를 관철하려 하거나 상사와 부하직원의 관계에서는 딱 잘라서 거절할 수 없는 일도 있습니다.

그럴 때는 "네, 그건 좀……"이라고 말해보세요. 이것은 산업의로서 상담할 때 힘들어하는 회사원들과 시행착오를 거듭한 끝에 찾아낸 방법입니다. 큰 소리를 내지 않고도 무리한 요구를 거절할 수 있는 마법의 주문입니다.

예를 들어 성가신 상사가 업무 시간 외에 일을 시키려 한다

속마음 들키지 않고 할 말 다 하는 심리 대화술

면 딱 잘라 거절하지 말고 "네, 그건 좀……"이라고 살짝 말끝을 흐려보세요.

그러면 상대는 "너무 갑작스러운가?", "왜, 힘들겠어?"라고 당신의 말을 추측하면서 다음 말을 이어갈 겁니다.

그러면 당신은 상대의 말에 잘 편승하기만 하면 됩니다. "네, 좀 어려울 것 같은데요"라고 말입니다. 상대는 자신이 꺼낸 말이기도 하니 의외로 순순히 수긍할 것입니다.

그런데 상대가 "그건 좀…… 뭐가?"라고 되묻는다면 이렇게 말해봅니다.

"저도 하고는 싶지만 다른 할 일이 많아서요. 제가 그 일을 하면 다음 주 월요일이나 되어야 마칠 수 있을 것 같습니다."

마음은 있지만 상대가 원하는 날짜까지 할 수 없다는 취지를 전달합니다.

무턱대고 거절하는 것이 아니라 상대에게 판단을 맡기는 형태를 취함으로써 상대의 기분을 상하게 하지 않고도 자신을 보호할 수 있습니다.

조금만 생각하면 성가신 상사의 공격을 얼마든지 말로 피할 수 있습니다.

조용히 나가기, 친구 차단

상사의 무리한 요구에 대처하는 방법으로 또 하나 효과적인 것이 투두리스트(to do list), 즉 해야 할 일 목록입니다.

컴퓨터나 다이어리에 스케줄을 적는 사람들이 많을 텐데 성가신 사람에게 대처하는 방법으로 추천하는 것은 A4 용지에 당신이 할 일을 적어두는 것입니다.

해야 할 일을 적고 우선순위와 요청한 사람, 기한 등을 큼지막한 글씨로 적어서 그 종이를 누구나 볼 수 있도록 자리에 놓아두세요.

이렇게 업무 내용을 가시화해두면 추가 업무를 받아들이기 힘들다고 일일이 설명하지 않아도 됩니다. 그뿐 아니라 종이에 적힌 업무 의뢰인이 자신(상사)보다 윗사람인 경우에는 자연스럽게 압박을 가할 수도 있습니다.

아무리 성가신 상사라고 해도 자기보다 윗사람이 맡긴 일을 제치고 자신의 요구 사항을 우선 해달라고 할 정도로 배짱이 두둑하지는 않습니다.

상대에 따라 태도를 바꾸는 사람들은 오히려 자신이 불리하다 싶은 상대가 시킨 일이라는 것을 알면 곧바로 자신의 요구를 거둬들일 것입니다.

하지만 아무리 해도 성가신 사람뿐 아니라 모든 사람들의 요구를 거절하지 못하는 사람들이 있습니다.

그런 사람에게 적합한 거절 방법이 따로 있습니다. 그것은 'SNS에서 불편한 사람의 계정을 차단하는' 것입니다.

지금은 SNS 사용자가 늘어나면서 일면식도 없는 사람들과 연결되는 일이 일상적으로 일어나고 있습니다. SNS에서 관계를 끊는 데 어려움과 두려움을 느끼는 사람들이 적지 않습니다.

얼굴도 본 적 없고 실제로 만난 적도 없는 사람인데 오프라인의 인간관계처럼 끊지 못하고 주저하는 것이죠.

실제로 SNS에서 문제가 일어나 고민하는 사람을 상담한 적이 있는데, '그 사람을 차단하라'고 조언해도 도저히 못 하겠다는 사람도 있었습니다.

어느 날 갑자기 아는 사람을 차단하기가 어렵다면 처음에는 모르는 사람부터 시도해보세요.

얼굴을 마주하고 차단 의사를 말할 필요 없습니다. 모니터를 보면서 '차단'을 클릭하면 됩니다. 몇 번 시도해보면 사람과 관계를 끊는 일에 익숙해질 겁니다.

마음이 여린 당신은 상대가 상처받을까 봐 불안할지도 모르지만 의외로 상대는 자신이 차단당했다는 것조차 알아차리지 못합니다.

차단한 당신도 그날은 찜찜하고 신경 쓰이겠지만 하룻밤 지나고 나면 잊어버리게 됩니다.

타인과 연결되기 쉬운 시대에는 교류하는 사람이나 받아들이는 정보를 스스로 취사 선택하기 어렵습니다. 자신의 의지로 '아니오'라고 판단할 수 없다면 시간과 에너지를 소모할 뿐 아니라 심리적으로 부담스러워집니다.

SNS에서 친구를 차단하는 것은 자신을 지키는 좋은 연습이라고 생각하세요.

이런 대책을 실천하려 해도 때로는 잘되지 않는 날도 있겠지만, 중요한 것은 하나라도 자신의 의지로 거부할 수 있다는 것입니다.

한도 끝도 없이 남의 말에 끌려 다니다가 충격 흡수 쿠션을 하나 끼워놓는다면 거리 두기에 성공했다고 볼 수 있습니다.

작은 성공 경험을 여러 번 되뇌면서 조금씩 자신감을 길러보세요.

내 편이 되어줄 사람들을 만들어라

"성가신 상사를 대하는 방법은 알겠는데 실제로 이렇게 행동하면 신뢰 관계가 무너지지 않을까요?"라는 불안감이 들 것입니다. 애초에 신뢰받겠다고 생각하는 것 자체가 잘못된 대응 방법 중 하나입니다.

신뢰 관계는 우선 내가 상대를 신뢰하는 것에서 시작됩니다. 아무리 신뢰 관계가 중요하다고 해도 성가신 상사를 억지로 신뢰하는 것은 상당히 고통스러운 일입니다.

설령 상사의 신뢰를 얻더라도 주변 사람들이 당신을 '상사와 똑같은 사람'이라고 인식한다면 다른 동료들과 어울리지 못하고 고립될 수도 있습니다.

그러면 어떻게 해야 좋을까요? 성가신 상사가 아닌 다른 사

속마음 들키지 않고 할 말 다 하는 심리 대화술

람들의 신뢰를 얻기 위해 행동해야 합니다.

직장 생활에서는 당신과 상사의 관계만 있는 것이 아닙니다. 당신이 신뢰를 얻어야 할 대상은 당신이 어려울 때 편이 되어 줄 주위 사람들입니다.

당신의 직장에도 신뢰받는 사람들이 있습니다. 주변의 신뢰를 얻는 사람은 주로 남들이 싫어하는 일을 솔선수범하는 사람들입니다.

의료진 중에도 능력은 최고 수준이지만 간호사들의 신뢰를 전혀 받지 못하는 의사가 많습니다.

실력이 있고 눈부신 성과를 거뒀다면 상사의 기대와 신뢰를 얻을 수 있겠지만, 그것만으로는 현장에서 자신을 도와줄 부하직원과 동료들의 신뢰를 얻을 수 없습니다.

누구에게나 신뢰받는 의사는 평소 번거로운 일을 맡고 있거나 자신을 도와주는 사람들을 소중히 여깁니다.

물론 전문직의 필수 조건은 탄탄한 실력입니다. 하지만 인간으로서 신뢰받고 '저 사람을 지원해주고 협조하고 싶다'라는 생각이 들 정도가 되려면 배려가 필수입니다.

이해타산적으로 들릴지도 모르지만 누구에게나 정중하게 대하는 것, 무슨 일이든 가리지 않고 맡는 것을 지극히 당연한 일이라고 생각하는 당신은 특별히 의식하지 않더라도 이미 다른 사람들의 신뢰를 얻고 있을 겁니다.

그러니 성가신 상사에게 흔들리지 않고 주변 사람들과 신뢰 관계를 계속 지켜나가세요.

싹싹하지 않지만 일은 제대로 하는 사람

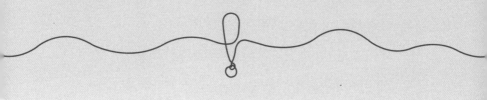

성가신 상사에게 신뢰받으려 하지 말라는 것과 함께 기억해야 할 것은 '성가신 상사에게는 좋은 인상을 주지 않는 것이 정답'이라는 것입니다.

그렇다고 나쁜 인상을 주라는 뜻은 아닙니다. '저 사람은 반응이 없어서 무슨 생각을 하는지 잘 모르겠다'라는 인상을 주는 것입니다. 지나치게 좋거나 나쁜 인상을 주지 않는 것이죠.

직장에서는 자신의 역할을 제대로 수행하고 성과를 거두는 것이 가장 중요합니다. 따라서 아무리 성가신 사람들이라도 '싹싹하진 않지만 일은 제대로 하는 사람'에게 함부로 트집을 잡을 수 없습니다.

하지만 성가신 상사는 자기 생각처럼 반응해주지 않는 당신에게 뭔가 트집 잡을 거리를 찾게 됩니다. 상대에게 꼬투리 잡힐 거리를 제공하지 않으려면 예의를 지키고 성실하게 일하는 직장인의 기본 자세를 철저하게 지켜야 합니다.

특히 시간을 잘 지키는 것과 인사는 직장인이 갖춰야 할 가장 기본적인 예의이므로 이 점을 소홀히 하면 절호의 공격 거리를 주게 됩니다.

화상회의도 늦지 않아야 합니다. 느슨한 사람이라는 꼬리표가 붙어버리면 성가신 사람이 공격할 빌미를 줄 뿐 아니라 동료들에게도 신뢰를 잃을 수 있습니다.

인사도 대단히 중요합니다. 사람은 누구나 크든 작든 인정 욕구를 갖고 있습니다. 성가신 상사에게 인사를 소홀히 하면 예의가 없다고 여겨질 뿐 아니라 상대의 인정 욕구를 건드려서 자신을 무시한다고 생각할 수 있습니다.

얼굴을 마주치기도 싫다고 슬슬 피해 다니면 오히려 트집 잡히기 쉽습니다. 거북한 사람일수록 선수 친다 생각하고 상대가 알아채기 전에 먼저 다가가서 인사해보세요. 인사를 하더라도 굳이 잡담할 필요는 전혀 없습니다.

평소에 회사에서 매일 하는 루틴은 사소한 것 같지만 성가신 사람들에게서 자신을 보호하는 방패가 되어줄 것입니다.

속마음 들키지 않고 할 말 다 하는 심리 대화술

회사 앞 횡단보도에서 걸음을 멈출 때

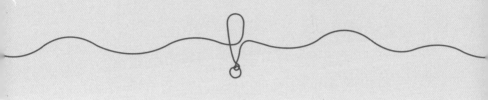

　지금까지 소개한 대처법으로 자신을 보호하는 것도 중요하지만, 스트레스 반응이 몸에 나타나기 시작한다면 그것은 더 이상 노력하지 말라는 일종의 신호입니다.

　다음과 같은 증상을 보인다면 즉시 물리적 거리 두기를 해야 합니다.

- 수면 장애
- 몸 상태 악화

　스트레스나 걱정거리가 있으면 밤에 잠을 이루지 못하는 사람들이 많습니다. 잠이 잘 오지 않고 일단 잠이 들어도 밤중에 여러 번 깨거나 다시 잠들기 힘들다면 수면 장애이니, 이때는 몸이 SOS를 치고 있다고 봐야 합니다.

두통이나 복통 등이 나타나는 것도 주의해야 합니다. 정신적, 신체적으로 몸 상태가 크게 나빠질 수 있는 전조입니다.

이런 증상은 특히 아침에 나타나기 쉽습니다. 연이어 지각하게 된다면 억지로 버티지 말고 산업의에게 상담을 요청하거나 심리상담소 또는 정신과를 방문하는 것이 좋습니다.

진료 결과를 제출하면 회사가 부서 이동을 인정해주기도 합니다. 기업의 규모가 작아서 부서 이동이 어려울 때는 이직도 고려해보는 것이 현명합니다.

회사에서 가장 부담스러운 존재가 바로 상사입니다. '이 정도로 무슨 병원까지 갈 필요 있나'라며 주저하는 분도 있겠지만, 가장 우선적으로 생각해야 하는 것은 자신의 건강입니다.

우리 인생의 목적은 건강하고 행복한 삶을 사는 것입니다. 일은 어디까지나 그것을 이루기 위한 수단에 불과합니다.

이제부터 상황별 대처법을 소개하겠습니다. 하지만 앞에서 말한 2가지 신호, 즉 수면 장애와 몸 상태가 악화되면 이 대처법으로는 해결할 수 없다는 것을 염두에 두세요.

오피스 빌런 하나씩 제거하기

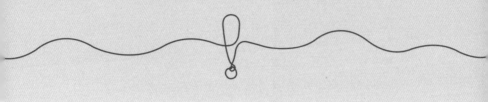

자신에게 불리한 상황에는 모른 척한다

회사에는 다음 2가지 유형의 상사가 있습니다.

- 자신이 상처받을까 봐 두려워하는 상사
- 자신의 평판이 악화되는 것을 극도로 두려워하는 상사

이런 상사를 대하는 가장 효과적인 방법은 책임 소재를 분명히 하는 것입니다.

구두 지시만으로는 얼마든지 책임을 회피할 수 있으니 이메일이나 채팅 등 기록이 남는 수단으로 소통하세요.

구두로 지시받았을 때는 번거롭더라도 이메일이나 채팅으로

보고와 연락하는 것이 좋습니다. 메일의 내용은 간단한 보고나 진행 상황이라도 상관없습니다.

여기서 중요한 점은 2가지입니다.

① '무엇에 대해', '누구에게', '어떤 지시를 받았는지' 명확히 할 것
② 답장을 받지 못할 경우에 대비해 의문형이 아닌 단언하는 형태로 확인할 것

이 2가지만 지키면 나중에 '나는 그런 지시를 한 적이 없다, 부하직원이 마음대로 한 것'이라고 발뺌하기 어려울 것입니다. 그럼 간단한 예를 들어볼까요.

ⓧ 어제 요청하신 건은 지시대로 진행해도 괜찮을까요?
◎ 어제 지시받은 A사의 프레젠테이션에 관련하여, 부장님께서 지시하신 대로 B플랜으로 진행하고 있습니다.

ⓧ C사의 안건은 부장님께서 지시하신 대로 제안했는데 괜찮으신가요?
◎ C사와의 계약 조건과 관련하여 부장님께서 지시하신 대로 D제안

을 했습니다. 그 결과…….

직접 구두로 보고하라고 요구하는 상사가 있다면 이메일과 구두 보고를 둘 다 하면 됩니다. 구두로 보고하기만 하면 당신에게 이메일을 보내지 말라고 하지는 않을 것입니다.

가뜩이나 바쁜데 이중으로 보고하려면 번거롭기도 할 것입니다. 하지만 그런 수고를 들이지 않았다가 나중에 고생하는 것은 결국 당신입니다.

자신을 보호하는 방법이라 생각하고 반드시 이메일이나 문자 메시지로 보고하세요.

실패는 부하직원 탓, 성과는 상사 덕

이런 사람은 자신에게 불리한 사항은 모른 척하는 상사와 기본적으로 같은 유형입니다.

문자 메시지로 보고하면서 지시받은 사항을 반드시 메모하세요. 이 메모들은 갑질의 증거로 쓰일 수도 있습니다.

또한 부하직원의 성과를 자신의 공으로 가로채는 상사를 보면 답답하고 화가 납니다. 하지만 화가 나더라도 정면으로 맞서지 않는 것이 올바른 대처입니다.

겸허함이 일종의 미덕이기도 하고 자신의 능력을 주장할수록 내부 사정을 모르는 사람에게 오해받을 위험이 있습니다. 자신이 수긍할 수 없다고 해서 섣불리 큰 소리를 내면 오히려 사람들이 당신을 멀리할 수도 있습니다. 그 사람이 어떤 성과를 냈는지는 함께 일하다 보면 자연스럽게 알려집니다.

공을 가로채는 상사는 대개 다른 사람에게도 미움을 받습니다. 당신의 실력이 알려져 있다면 무슨 일이 벌어지고 있는지 다른 사람들이 헤아려줄 것입니다. 결코 성가신 상사와 정면으로 맞붙으려 하지 마세요.

평가가 불공정하다고 느낀다

'상사가 특정인을 편애한다'는 것은 흔한 고민 중 하나입니다. 당연히 사사로운 감정은 접어두고 공정한 판단을 해야 하지만 상사도 인간인 한 감정에 치우치게 마련입니다. 모든 부하직원을 두루두루 공정하게 평가하기란 쉽지 않습니다.

상사가 평가를 내리는 핵심은 신뢰 관계입니다. 상사와 신뢰 관계가 구축되어 있다면 그에 상응하는 평가를 받기가 어렵지 않습니다.

문제는 신뢰 관계가 없는 경우입니다. 성가신 상사와 신뢰 관계를 구축하는 것은 바람직하지 않으므로, 정당한 평가를 받으려고 하는 것 자체가 무모한 일입니다.

그럼 포기할 수밖에 없는 것일까요? 그럴 때는 우선 업무량과 성과를 가시화해봅시다.

영업사원이라면 방문한 곳의 수와 약속 횟수, 사무직이라면 하루에 처리한 업무량과 건수, 자신이 제공한 정보로 인해 주문이 증가했다거나 신규 계약으로 이어진 것 등 당신이 해낸 업무 내용을 하나하나 기록합니다.

그저 '최선을 다하는' 것만으로는 상사의 주관에 따라 판단이 갈릴 수 있습니다. 하지만 숫자나 사실은 당신의 실력을 보여주는 증거가 됩니다.

자신이 어떤 성과를 올렸는지 호소하기가 쉽지는 않을 것입니다. 하지만 가만히 있으면 아무리 시간이 흘러도 당신의 성과를 인정해주지 않을 것입니다.

상사뿐 아니라 주위 사람에게 좋은 평가를 받는 것도 중요합니다. 윗사람과 신뢰를 쌓고 성과를 잘 보여줄 수 있다면 '이렇게 일을 잘하는데 왜 직속 상사는 이 정도밖에 평가하지 않는 거지?'라는 의문을 가질 것입니다. 그러면 문제를 근본적으로 해결할 기회가 생깁니다.

좋은 평가를 받기 위해 성가신 상사에게 잘 보이려고 하면 마음에 들지 않는 일을 시키거나 무리한 목표를 세우라고 강요하는 등 당신의 마음을 이용할 수도 있으니 거리를 두는 것이 좋습니다.

매사에 빈정거린다

빈정거리는 말을 하는 배경에는 질투가 깔려 있습니다. 상대를 부러워한 나머지 자존심 때문에 솔직하게 말하지 못할 때 빈정거리는 투로 나타나는 것입니다.

'나보다 나은 사람을 인정할 수 없다'고 하는 유형의 사람들을 다루는 방법은 오직 하나입니다. 웃는 얼굴로 받아넘기는 것입니다.

이런 사람들에게는 설령 해명이나 변명을 하거나 올바른 주장을 해도 더욱 빈정거리는 말을 들을 뿐입니다. 그러니 상대하지 말고 가볍게 상대의 공격을 피하는 것이 좋습니다.

예를 들어 일을 마치고 정시 퇴근을 하려는 당신에게 상사가 빈정거리는 투로 "일이 없어서 좋겠네"라고 말했습니다. 그럴 때는 웃는 얼굴로 단 한마디, "네, 감사합니다"라고 하면 됩니다. 그다음에는 상대의 반응을 기다리지 않고 그 자리를 떠납니다.

속마음 들키지 않고 할 말 다 하는 심리 대화술

방긋

상사의 표정을 살피고 있으면 어느새 추가 공격을 할 것입니다. 그렇게 되기 전에 얼른 퇴근하세요.

자리를 뜨기 어렵다면 "네, 감사합니다"라고 대답한 뒤 조금 기다렸다가 "급한 안건이 있어서 좀 더 일하겠습니다"라고 말한 다음 모니터 화면을 보거나 "그러고 보니"라며 화제를 바꾸어도 좋습니다.

빈정대는 사람의 또 다른 특징은 자신이 기대한 대로 대응할수록 강도가 점점 더 심해진다는 것입니다. 빈정거림에 정색하고 반박하면 오히려 그 사람에게 빌미를 제공하는 것입니다.

물론 빈정거리는 말을 듣고 기분이 나쁜 것은 당연합니다. 하지만 '이 사람은 나를 부러워해서 그러는구나'라고 생각하면서 흘려버리세요.

아무 반응을 하지 않으면 오히려 빈정거리는 재미가 없을 것입니다. 이 사람한테는 무슨 말을 해도 소용없다는 생각이 들면 자연스럽게 당신에 대한 공격을 중단할 겁니다.

조금 시간은 걸리겠지만 마음의 여유를 잃지 말고 웃는 얼굴로 흘려버리세요.

원격으로 감시한다

요즘은 점차 줄어드는 추세이지만 여전히 직원을 감시하는 상사들이 있습니다. 개중에는 온종일 부하직원들에게 줌(ZOOM)을 켜놓으라고 하는 사람도 있습니다. 아무리 일이지만 온종일 감시받는 것은 상당한 스트레스입니다.

이러한 행동을 하는 원인은 '부정 편향(negative bias)' 때문입니다.

우리의 인지 기능은 긍정적인 정보보다 부정적인 정보에 더 초점을 맞춰서 기억하는 경향이 있습니다. 이것을 부정 편향이라고 합니다.

원격근무와 같이 상대의 모습이 보이지 않는 상황에서는 이러한 부정 편향이 작용하기 쉽습니다.

"그리고 보니 정 대리는 오후에 졸고 있었어."

"휴식 시간에는 게임을 한다고 했는데 옆에 아무도 없으니 업무 시간에도 게임을 하는 게 아닐까?"

이렇게 생각하기 시작하면 꼬리에 꼬리를 물고 확대되면서 근무 시간에 무조건 줌을 켜놓으라고 하자는 결론에 도달합니다.

이러한 문제를 해결하기 위해 일일 보고서를 활용하라고 권합니다. 업무 상황과 성과를 구체적인 기록으로 보여줌으로써 상사의 불안을 해소하는 것이죠.

우선 업무 일정을 전날이나 당일 아침 일찍 먼저 보고하고 퇴근 시간에는 그날의 업무 내용을 일일 보고서로 제출합니다.

몇 시에 무슨 일로 어디에 갈지, 시간이 걸리는 업무라면 진행 상황이나 향후 진행 방식까지 기록해두면 좋습니다.

9~10시 주문 처리(15건/30건)
10~12시 이동 및 방문 영업(방문처 : A사)

이메일 확인과 같은 세부 사항까지 쓸 필요는 없지만 당신이 무슨 일을 하고 있는지, 적절한 시기에 업무를 처리할 수 있는지, 어떤 성과가 있었는지를 상사가 파악할 수 있다면 확실히 마음을 놓을 것입니다.

다음 날 일정을 일일 보고서에 적어두면 한 번의 수고로 끝

납니다. 일일 보고서를 제출하고 줌은 출근과 퇴근 무렵 또는 회의할 때만 연결하겠다고 제안해봅니다.

우선 일일 보고서를 제출하고 상사가 마음을 놓는 듯하면 그때 제안해보는 것도 좋습니다.

여러 사람들이 이 방법을 통해 상사의 감시에서 벗어날 수 있었을 뿐 아니라 자신의 업무에도 도움이 되었다고 합니다.

매일 계획을 세우면서 자연스럽게 계획대로 일을 진행하려는 심리가 작용했고 그 결과 효율적으로 일하고 집중할 수 있었습니다. 시너지 효과를 얻은 셈입니다.

고압적인 태도로 겁을 준다

이런 상사를 혼자 상대하는 것은 너무 위험하다는 것을 기억해야 합니다. 고압적인 사람과 함께 있을 때의 심리적 스트레스의 강도는 눈앞에 사자가 있을 때와 비슷합니다. 게다가 그 상황이 매일 반복되면 임기응변식으로 해결할 수도 없습니다.

이럴 때 가장 중요한 것은 역시 누군가에게 상담하는 것입니다. 참지 말고 최대한 빨리 윗사람이나 인사·총무 담당자, 산업의 등을 찾아갑시다. 억지로 참고 있으면 마음의 상처가 점점 깊어지고 회복하는 데 시간이 걸립니다. 물론 상담한다고 해서 오늘 내일 당장 해결되는 것은 아닙니다. 그럴 때 누구나 즉시 실행할 수 있는 '임시방편'이 2가지 있습니다.

첫째, 끝을 의식한다.

매일 혼나는 것만으로도 힘든데 '이 상황이 언제까지 지속될지' 알 수 없다면 더욱 괴로울 뿐입니다. 그러니 괴로운 상황이 끝난 후에 자신이 어떤 모습일지 생각해보세요.

- 나는 저녁 6시에 일을 마치고 집에 돌아가 맛있는 카레를 먹을 거야.
- 오늘 오후에 부장님이 외출하면 눈치 보지 않고 일할 수 있을 거야.
- 퇴근해서 집으로 돌아가면 재밌는 드라마를 보자.

하루 중 직장에서 보내는 시간이 짧다고 할 수는 없지만, 그렇다고 24시간 내내 호통을 듣는 것은 아닙니다. 우선 오늘 내일 성가신 상사에게 해방된 내 모습을 상상해보세요.

이 방법을 좀 더 장기적으로 적용해보는 것도 효과적입니다.

- 한 달 뒤에 다른 프로젝트를 시작할 때까지만 상사와 잘 지내면 된다.
- 3개월 이내에 이 상황을 해결하지 못한다면 회사를 옮기자.
- 연말에 부서 이동이 있으니까 다음 해에는 새로운 부서에서 일할 거야.

마지막을 머릿속에 명확히 그리면서 괴로운 상황과 내 의식을 분리하면 내성이 강해집니다.

둘째, 메타인지를 발휘한다.

메타인지는 자신이 인지(생각하고 느끼고 판단하는 것 등)하는 것을 객관적으로 파악하고 제어하는 능력을 말합니다. 쉽게 말하면 '자신을 객관적으로 관찰하는 능력'이라고 할 수 있습니다.

예를 들어 상사가 당신을 심하게 질책했을 때는 마치 자신이 제삼자인 것처럼 그 상황을 관찰해보는 겁니다.

"부장님은 얼굴을 시뻘겋게 붉히면서 고래고래 소리를 질렀지. 그리고 정 대리는 움찔움찔 놀라면서 눈도 마주치지 못했고. 부장님이 윗사람이니까 제대로 대꾸도 하지 못하고 주눅 들어 있었어……."

그 장면을 실황 중계하는 방식으로 설명하는 것입니다.

처음에는 연습이 필요하겠지만 주어를 '나' 또는 '당신'이 아니라 3인칭인 '정 대리'로 표현해보세요.

메타인지를 하면 괴로운 상황에서 의식을 분리할 수 있을 뿐아니라 상황을 객관화할 수 있습니다. 그러면 부적절한 발언으로 상사와 대립하는 상황을 방지할 수 있습니다.

하지만 이러한 대응 방법은 어디까지나 임시방편입니다.

수면 장애나 몸 상태가 악화되기 전에 하루라도 빨리 성가신 상사에게서 벗어날 방법을 찾아보세요.

성가신 상사 때문에 소중한 나의 인생을 낭비하지 않도록 자신을 보호하세요.

지적하지 않고도

직원들이 잘 따르는 정 팀장

Part
3

이해할 수 없는 사람과
소통하는 심리 대화

꼰대 빌런보다 심각한 MZ 빌런

상사와의 관계로 고민하는 부하직원만큼 많지는 않지만 부하직원과 잘 지내기가 어렵다고 고충을 호소하는 상사들도 적지 않습니다.

'부하직원을 대하는 법'은 관리직을 대상으로 한 사내 연수에서 종종 요청받는 주제입니다.

상사는 부하직원보다 유리한 위치에 있으므로 문제를 해결하지 않아도 대충 뭉개면서 해나갈 수 있다고 생각하기 쉽습니다.

저 사람의 상태가 좀 이상하다고 어렴풋이 느끼면서도 그냥 두고 보는 사이에 좌절감이 쌓여 더 이상 견딜 수 없게 된 부하직원이 어느 날 갑자기 폭발해서 당황했던 경험을 한 사람들도 꽤 있습니다.

속마음 들키지 않고 할 말 다 하는 심리 대화술

이런 상황에 빠지지 않도록 부하직원과 관계가 잘 풀리지 않거나 성가신 사람이라는 생각이 들면 대책을 세워야 합니다.

먼저 그 부하직원이 정말 성가신 사람인지 아닌지 확인해야 합니다.

실제로 직장 내에서 갑질을 당했다며 상사를 공격하거나 자기중심적인 사고로 주변 사람들을 힘들게 하는 부하직원도 있습니다. 하지만 상사가 그 사람을 대하는 방식이 잘못되어서 제대로 소통하지 못하고 '성가신 사람', '이해할 수 없는 사람'으로 인식되는 경우도 있습니다.

성가신 부하직원을 대하는 법을 소개하기에 앞서 평소에 당신의 소통 방식이 어떤지 한번 되돌아봅니다.

대화를 거부하는 사람은 관찰이 답이다

맨 먼저 '부하직원이 무엇을 원하는지 파악'합니다. 어렵지 않다고 생각할 수 있지만, 놀랍게도 부하직원이 정확히 무엇을 원하는지 알고 있는 상사는 의외로 많지 않습니다.

당신이 직장에서 자아실현을 중시하는 유형이라면 아마 당신의 부하직원도 그렇게 생각할 것이고 또 그렇게 생각해야 한다고 여기기 쉽습니다. 하지만 반드시 그렇다는 보장이 없습니다.

세상에는 일이 단지 먹고살기 위한 수단일 뿐이며, 일에서 보람을 느끼지 않는 사람도 있습니다. 그런데도 일부 상사들은 그런 사람이 있을 리 없고 그런 사고방식으로는 제대로 일할 수 없다며 그런 부하직원들의 생각을 폄훼합니다.

회사에 다니면서 업무 성과를 내는 것은 당연한 책무입니다.

일에 대한 동기부여가 크다면 목표한 것 이상으로 더 많이 기여할 수 있습니다. 하지만 자기 일을 제대로 하고 있는 사람에게 그 이상을 강요하는 것은 갑질이나 다름없습니다.

우선 당신이 원하는 것을 부하직원은 원하지 않는다는 사실을 알아야 합니다. 그들이 무엇을 원하는지 알고 현실을 받아들이는 것에서 출발합니다.

'부하직원이 무엇을 원하는지' 이해하는 데는 에이브러햄 매슬로(Abraham Maslow)가 창설한 '욕구 5단계 이론'이 도움이 됩니다.

매슬로는 인간의 욕구를 생리적 욕구, 안전의 욕구, 소속과 애정의 욕구, 존경의 욕구, 자아실현의 욕구 5단계로 설명했습니다. 욕구 5단계는 피라미드 구조를 형성하는데, 인간은 최하위의 욕구부터 순서대로 충족하려는 특성이 있다고 합니다.

누구나 이 5가지 욕구를 가지고 있지만 직장에서 어느 욕구를 중시하는지는 사람마다 다릅니다. 부하직원이 어떤 욕구를 중시하는지 이해한다면 그 사람을 대하는 방식을 바꿀 수 있습니다.

예를 들어 '생리적 욕구'는 식욕과 수면욕 등을 말합니다. 생리적 욕구는 당연한 것이지만 야근이 지나치게 많으면 이 욕구

매슬로의 욕구 5단계 이론

가 충족되지 않을 수 있습니다.

사람마다 정도의 차이가 있지만 이 욕구를 중시하는 사람에게는 정말 괴로운 일입니다. 생리적 욕구를 침해할 정도로 많은 야근을 강제해서는 안 됩니다.

2단계인 안전의 욕구는 신체적, 정신적 해를 끼치지 않는 안전하고 마음이 편한 환경에서 일하기를 바라는 것입니다. 이 욕구를 중시하는 사람을 강하게 질책하거나 무리한 목표를 강요하면 심각한 위협으로 받아들입니다.

3단계인 소속과 애정의 욕구는 한마디로 어떤 공동체에 속하면서 그 공동체에 필요한 존재라는 만족감을 얻고자 하는 욕구입니다.

속마음 들키지 않고 할 말 다 하는 심리 대화술

직장 외에도 커뮤니티가 있거나 취미가 더 중요하다고 생각하는 사람은 직장에서 이 욕구가 충족되지 않더라도 큰 문제가 없습니다.

반면 어떤 사람들은 직장에서 이 욕구를 충족하지 못하면 불안해합니다. 비판을 받거나 인사를 했는데 상대방이 호응하지 않거나 무시하면 자신이 있을 곳이 없다고 느끼고 소속감을 잃게 됩니다. 실제로 상사가 인사를 받아주지 않아서 부하직원들이 힘들어하는 경우도 있습니다.

존경의 욕구는 남에게 인정받고 칭찬받고 싶은 욕구입니다.

자아실현의 욕구는 일을 통해 이상적인 모습이 되고자 하는 욕구입니다.

부하직원이 직장에서 원하는 것은 천차만별입니다. 상사는 부하직원이 무엇을 원하는지 파악할 의무가 있고, 부하직원은 자기의 생각을 전달할 의무가 있습니다. 이것은 양쪽 모두의 의무입니다.

여기서 기억해야 할 것은 부하직원이 무엇을 원하는지 파악해야 하지만, 그 요구를 전부 받아들일 필요 없다는 점입니다.

사람들은 종종 '부하직원의 이야기를 들으면 그 요구를 받아들여야 한다'라고 생각합니다. 부하직원의 생리적 욕구가 강하다고 해서 그 사람만 야근에서 제외할 수는 없습니다. 회사가 영리조직인 이상 모든 사람들의 의견을 수용할 수 없습니다.

중요한 것은 부하직원에게 관심을 보이는 것입니다. 서로 입장은 다르지만, 우리는 윗사람과 아랫사람이 모두 인간으로서 평등하다는 것을 잊어서는 안 됩니다.

자신의 가치관을 강요하는 대신 '이 사람은 어떤 가치관을 지녔는지' 관심을 가지고 귀 기울여보세요.

상사가 부하직원들을 잘 살펴보고 있다는 태도를 보여주는 것이 중요합니다. 부하직원들과 대화하기 어렵다면 그들을 주의 깊게 관찰하는 것부터 시작하는 것도 좋습니다.

일단 관계가 틀어지면 회복하기가 어렵습니다. 아무리 칭찬하거나 화를 내도 상대에게 아무런 영향을 주지 못할 수도 있습니다. 성가신 부하직원이라고 단정 짓기 전에 다시 한 번 살펴보고 그들의 목소리에 귀 기울여보세요.

속마음 들키지 않고 할 말 다 하는 **심리 대화술**

역대급 난이도의 소통법

'부하직원의 이야기를 들으려고 해도 속마음을 말하지 않는다', '부하직원이 무슨 생각을 하는지 도무지 모르겠다'라고 말하는 사람도 있습니다.

매일 상대하는 사람의 진심을 알 수 없다는 것은 안타까운 일입니다. 하지만 상사와 부하직원 사이가 아니라도 원래 상대의 속마음을 끌어내기가 쉽지 않습니다.

당신은 어떤가요? 방금 만났거나 거리를 두고 싶은 누군가에게 자신의 마음을 털어놓을 수 있나요? 상대방과 신뢰 관계를 쌓지 못하면 아무리 속내를 들여다보려고 기웃거려도 그 사람의 진심을 알 수 없습니다.

하지만 업무를 원활하게 진행하려면 부하직원과 반드시 소통해야 합니다.

상담에서 자주 문의하는 2가지 상황에 어떻게 대처해야 하는지 살펴보겠습니다.

부하직원이 실수했을 때

부하직원이 어떤 실수를 해서 가르쳐주고 있는데 입을 꾹 다물고 있거나 말로만 사과하고 있다고 느낀 적은 없나요?

실패는 성공의 어머니라는 것을 머릿속으로는 알지만 가르쳐줘도 반응이 뜨뜻미지근한 부하직원을 보면 무심코 "내 말을 알아듣겠어?"라고 다그치게 됩니다.

당신은 자신의 이야기를 제대로 이해했는지 확인하고 싶었을 뿐인데, 그 말을 비난으로 받아들이는 부하직원도 있을 것입니다.

이런 경우 관리직을 대상으로 한 매뉴얼에는 '왜 그런 실수를 했다고 생각하는가?'라고 묻지 말고, '어떻게 하면 좋았을까?'라고 물어봐야 한다고 적혀 있습니다.

그런데 어떻게 해야 할지 알고 있다면 부하직원이 그 생각을 벌써 말하지 않았을까요? 그 질문을 받고 바로 대답하지 못하는 것은 '어떻게 해야 할지' 모르겠다는 뜻입니다.

속마음 들키지 않고 할 말 다 하는 심리 대화술

그런 경우에는 부하직원의 심정을 물어보는 것이 좋습니다.

"지금 기분이 어떤가?"

"지금 무슨 생각이 드는지부터 말해보게."

일단 사실을 확인한 다음 가르치기 전에 부하직원의 감정에 귀 기울여보세요.

무조건 질책하거나 당연히 해야 한다고 강요하면, 부하직원은 자기 보호 본능이 발동해서 상사의 말에 귀 기울이지 않을 것입니다. 심리적 안정이 유지되어야 부하직원도 상사의 가르침을 긍정적으로 받아들일 수 있습니다.

우선 상사가 심리적인 여유를 갖고 대해야 합니다.

'알았다'고 대답하고는 실행하지 않을 때

확실하게 설명한 다음 "알겠어?"라고 물었더니 부하직원이 "네"라고 대답했습니다. 그런데 실제로는 전혀 이해하지 못하고 있다면 어떨까요?

"방금 설명했는데 못 알아들었어?"

"이해를 못 했으면 그때 물어봤어야지?"

이렇게 다그치고 싶은 충동에 사로잡힐 수도 있습니다.

사실은 잘 모르면서 '알았다'고 말하는 사람들이 의외로 많습니다.

남들에게 이해력이 떨어지는 것처럼 보이기도 싫고 상사가 자신을 민폐라고 생각하는 것도 싫어서, 자기 마음대로 해석하고 일을 진행했다가 결국 상사가 원했던 것과 전혀 다른 결과를 내는 것입니다.

신뢰 관계가 형성되지 않았을 때 특히 주의해야 합니다. 그럴 때는 설명을 마치고 나서 마지막에 "내 말 이해했어?"라고 묻지 말고 "그럼 뭐부터 시작할까?"라고 확인해보세요.

구체적으로 들어보면 어느 정도 이해하는지 알 수 있고, 틀렸거나 잘 모르는 경우에는 보충 설명을 하면 됩니다. 이렇게 하면 엉뚱한 해석을 해서 나중에 큰 문제가 되는 것을 예방할 수 있습니다.

당신이 부하직원과 보조를 맞춰 함께 걸어가면 그들은 차츰 당신을 믿고 이해하기 어려운 부분은 물어봐도 된다며 안심하고 소통할 수 있습니다.

몇몇 상사들은 '그렇게까지 해야 하나? 우리가 젊었을 때 누가 그렇게 해줬나?'라고 생각할 것입니다. 지금은 시대가 변했습니다. 상사가 자기 생각만 고수하면 부하직원과의 간극이 메워지기는커녕 점점 더 벌어질 것입니다.

공감하다 지치지 않으려면

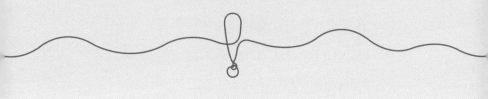

어떤 상사는 부하직원이 속마음을 털어놓지 않아서 고민하는 반면 어떤 상사는 부하직원의 고민을 해결해주지 못하는 것에 심리적으로 지쳐서 피로가 쌓이기도 합니다.

일종의 공감 피로라고 할 수 있는데, 상대방에게 지나치게 공감해서 극도로 지쳐버리는 것을 말합니다.

예를 들어 재해가 발생한 곳에서 완전히 변한 거리의 모습이나 이재민에 대한 보고를 들으면서 정신적 어려움을 겪는 것이 공감 피로에 해당합니다.

직장에서도 그와 비슷한 경우가 있습니다. 친절한 상사는 부하직원이 고민 상담을 하면 자기 일처럼 여기고 자신이 할 수 있는 일을 찾으려고 합니다. 하지만 사생활이나 금전적인 문제라면 사실상 상사가 해줄 수 있는 일이 없습니다.

그런데도 그 사람을 동정한 나머지 심리적으로 피로를 느낍니다. 이러한 공감 피로를 예방하는 기본적인 방법은 지나치게 관여하지 않는 것입니다.

이 문제를 해결하기 위한 구체적인 방법 3가지가 있습니다.

1. 자신이 할 수 있는 일과 할 수 없는 일을 분리한다.

자신이 해줄 수 없는 일이라고 말하면 상대방이 마음의 상처를 입을 수도 있다고 생각할 것입니다. 하지만 '더 이상 힘이 되지 않는다'고 명확하게 말하는 것이 때로는 서로에게 최선의 방법이라는 것을 기억해야 합니다.

2. 혼자 어떻게든 해결해주려 하지 않는다.

의사들은 내과에서 진료를 받는 환자에게 필요하면 정신과나 외과, 피부과 등 적합한 전문의를 소개합니다. 이것은 기본적으로 직장에서도 똑같이 통용됩니다.

몸과 마음의 건강에 문제가 있다면 산업의나 인근 병원, 사내 상담소 등을 찾아야 하고, 채무나 이혼 등의 문제라면 법률적인 상담을 받아야 합니다.

속마음 들키지 않고 할 말 다 하는 심리 대화술

당신이 뭐든 다 해주려고 하는 것이 아니라 상담할 수 있는 전문기관이나 전문가에 대한 정보를 제공하는 것이 더 중요합니다. 각자의 자리에서 할 수 있는 일을 하는 것이 최선입니다.

3. 자신의 몸과 마음을 잘 관찰한다.

상담이라는 것은 생각보다 정신적인 부담이 큰 일입니다. 특히 열심히 상담하고 있는데도 부하직원의 고민이 해결되지 않으면 자신의 상태조차 나빠지게 됩니다.

상태가 심각해지기 전에 평소 다음과 같은 사항을 스스로 점검해둡니다.

- 잠을 제대로 자고 있는가?(잠이 잘 오지 않는다, 여러 번 깬다, 숙면을 취하지 못한다 등)
- 음주·흡연량이 늘었는가?
- 폭음과 폭식, 또는 식욕부진 증상은 없는가?
- 평소처럼 취미생활을 즐기고 있는가?
- 맛의 취향이 변하지 않았는가?(짜거나 단 음식만 먹고 싶다, 지금까지 좋아했던 것들이 더 이상 맛이 없다 등)

스트레스를 받으면 몸 상태도 쉽게 변합니다. 평소와 다른 작은 차이를 일찍 발견할 수 있도록 평소에 자신의 몸 상태를 잘 관찰해야 합니다.

속마음 들키지 않고 할 말 다 하는 심리 대화술

신뢰를 한순간에 깨뜨리는 말습관

　심리적 안전감(psychological safety)은 조직행동학 전문가 에이미 에드먼슨(Amy C. Edmondson)이 1999년 정의한 심리학 용어입니다. '팀의 다른 구성원들이 자신의 발언을 거부하거나 비판하지 않을 거라고 확신할 수 있는 상태'를 말하죠.

　아무리 성과가 좋은 직원이라도 상사 앞에서 당당하게 반대 의견을 말하기는 쉽지 않을 것입니다. 이런 심리적 안전감이 높은 환경을 만들기 위해서 상사가 해서는 안 되는 일이 있습니다.

　우선 의견을 말한 부하직원에게 '하지만, 그래도, 그렇지만' 등의 부정적인 접속사를 사용하지 않아야 합니다.

　상사와 팀을 믿고 용기를 내어 발언했는데 상사가 처음부터 부정적인 말로 대답하면 신뢰 관계에 금이 가게 됩니다. 부정적인 반응이 계속되면 부하직원은 무슨 말을 해도 소용없다고 느끼면서 위축되어 결국에는 아무 말도 하지 않는 것이 낫다고 생각하게 됩니다.

핵심을 조금 벗어난 의견이라도 부하직원이 그렇게 느끼는 나름의 근거가 있을 것입니다.

마음속으로는 '이 의견은 좀 아닌데?'라는 생각이 들어도 일단은 "그렇구나", "그렇게 말할 수도 있겠네"라고 받아들인 다음, 그런 의견을 생각한 배경을 살펴봅시다.

"왜 그렇게 생각하는지 말해보겠나?"

"좀 더 자세히 설명해주게."

그러면 상대의 의도를 파악할 수 있을 뿐만 아니라 경우에 따라서는 새로운 관점으로 바라볼 수 있습니다.

사람은 자신의 존재를 인정받음으로써 다른 사람을 신뢰합니다. 이것이 계속되면 직장을 심리적 안전감이 있는 곳이라고 느낍니다.

상사가 부하직원의 의견에 귀 기울이는 자세를 보이면 부하직원은 자신이 인정받고 있다고 느끼게 됩니다. 물론 부하직원을 올바른 방향으로 이끄는 것은 상사가 해야 하는 중요한 일

속마음 들키지 않고 할 말 다 하는 심리 대화술

중 하나입니다.

하지만 당신이 무심코 내뱉은 한마디에 따라 회사의 분위기가 망가질 수도 있습니다. 아무 생각 없이 '하지만'으로 대화를 시작하는 습관을 가졌다면 의식적으로 고쳐보세요.

상사는 부하직원에게 상당한 영향력을 발휘하는 존재입니다. 악의 없이 던진 말 한마디로 부정적인 느낌을 주지 않도록 주의합니다.

심리적 안전감이 있는 직장을 만들기 위해 또 하나 유념해야할 것은 '나 때는 이랬다'라고 말하지 않는 것입니다.

상사와 부하직원은 자라온 시대가 다르므로 종종 기본적인사고방식에 차이가 있습니다.

당신이 젊었을 때는 대부분의 상사가 '내 뒷모습을 보고 일을 배우라'고 했을지 모르지만, 지금은 통하지 않는 이야기입니다.

먼저 자신을 돌아보고 업무가 원활하게 진행될 수 있도록 심리적 안전감이 있는 일터를 만들어봅시다. 그렇게 하면 부하직원들의 관점이 달라질 수도 있습니다.

역갑질을 물리치는 2가지 대화의 포인트

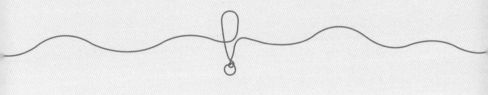

　지금까지 상사로서 대처하는 방법과 직장에서 분위기를 조성할 때 주의할 점을 살펴봤습니다. 당신이 제대로 대응하고 있는데도 '역갑질'을 하는 성가신 부하도 존재합니다.

　상사가 인사하는데도 무시하거나 업무 지시를 전혀 듣지 않고 부탁한 일도 하지 않는 직원이 있습니다. 이 일로 주의를 주면, "그건 직장 내 괴롭힘이 아닌가요? 인사과에 얘기하겠습니다"라고 '갑질', '괴롭힘' 운운하면서 받아칩니다.

　이런 부하직원에게 시달리는 상사가 적지 않습니다.

　본인의 의지나 실적과 상관없이 연차가 되어서 관리직으로 올라갔거나 소심한 성격인 사람이 성가신 부하직원의 표적이 되기 쉽습니다.

남들이 자신의 관리 능력을 의심할까 봐 두려워 누구와도 상의하지 못하고 혼자 끙끙거립니다. 그러다 정신적 육체적으로 건강이 악화되는 증상이 나타나서야 상담 전문의를 찾아갑니다.

주위 사람들도 어느 정도는 상황을 알고 있지만, 상사에게 섣불리 아는 척하기도 어렵기 때문에 문제가 뒤늦게 수면 위로 드러날 수밖에 없습니다.

이런 경우에 갑질 가해자들에게는 뚜렷한 동기가 없습니다. 단순한 화풀이나 스트레스를 푸는 것이 목적일 때도 있습니다. 심지어 멀쩡한 사람을 괴롭혀서 정신적으로 궁지에 몰아 회사에서 쫓아내려고 하는 경우도 있습니다.

자신의 언행으로 인해 상사가 회사를 그만둬도 반성하기는커녕 사람을 괴롭히는 재미를 들인 듯이 다른 표적을 찾아 공격하기도 합니다.

상사의 입장에서는 오히려 상담하기가 더 어렵다고 합니다. 하지만 아무런 조치도 취하지 않으면 상대는 더욱 공격할 뿐입니다.

그런 상황에 처해 있다면 당신이 해야 할 일은 단 하나입니다. 바로 증거를 모으는 것입니다.

괴롭힘에 대항하는 방법은 증거밖에 없습니다. 증거 없이는 어떤 논의도 뜬구름 잡기에 불과합니다.

다른 괴롭힘과 마찬가지로 언제, 어디서, 어떤 일이 있었는지 기록하고, 기회가 되면 녹음하는 등 철저하게 대비하세요. 그리고 한층 더 주의해야 할 점이 있습니다. '그런 부하직원을 열심히 지도하거나 소통하려고 하지 말라'는 것입니다.

특히 다른 사람들이 보지 않는 곳에서 문제의 부하직원과 일대일로 만나는 것은 반드시 피해야 합니다.

놀랍게도 갑질 가해자들 중에는 아무렇지 않게 거짓말하는 사람들도 있습니다. 목격자가 없다는 점을 악용해서 없는 말을 지어내서 떠벌리기도 합니다.

"회의실로 불려가서 맞았어요."

"저를 앞에 두고 수십 분이나 설교하셨어요."

이런 부하직원이 있다면 혼자 해결하지 말고 충분한 증거를 수집한 뒤 관리 부문이나 컴플라이언스(compliance) 부문, 인사 총무 담당자 등 제3자와 이야기하는 것이 최선입니다.

또 하나 기억해야 할 것은 대화의 포인트입니다.

다음 2가지 관점에서 부하직원의 태도에 문제가 있음을 지적하고 증거를 보여주면서 제삼자와 함께 대화합니다.

- 직장 내 질서 유지와 회복
- 직장 환경에 대한 배려

개인 간의 문제가 아니라 조직 운영에 부정적인 영향을 미치는 일이라고 판단되면 쉽게 협조를 구할 수 있습니다. 우선 증거를 수집하고 제삼자와 함께 움직이는 것이 사태를 해결하는 열쇠입니다.

지적하지 않으면서도 내 말을 듣게 하는 법

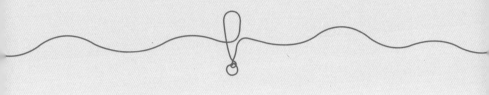

9시 회의에 9시 5분에 도착한다

화상회의가 도입되고 나서 제시간에 참석하지 않는 부하직원들 때문에 고민이라고 하는 사람들이 많습니다. 심지어 특별한 사정이 있어서 늦는 게 아니라 9시 시작인데 9시 5분까지 들어가면 된다고 착각하는 젊은 세대들이 많습니다.

상사보다 먼저 들어가서 기다릴 생각은 애초에 하지 않습니다. 시간에 딱 맞추면 그나마 다행이고 5분 정도 늦는 것은 지각이라고 생각하지도 않는 것이죠.

이유를 제대로 설명하지도 않고 회의 시작 직전에 메신저로 '좀 늦겠습니다'라고 보내는 사람도 있다고 합니다.

한두 번도 아니고 매번 이러면 짜증이 나겠죠. 이런 행동의

바탕에는 안이함이 깔려 있습니다.

이 안이함을 상사가 용인하면 "별말 안 하니까 그래도 되겠지"라는 의식이 퍼지면서 팀 전체의 규율이 흐트러져 나태한 조직이 될 수도 있습니다.

이런 일이 일어나지 않도록 지각했을 때는 정확하게 짚고 넘어가야 합니다. 늦을 것 같으면 미리 연락할 것, 늦게 왔을 때는 반드시 이유를 보고할 것 등 명확한 규칙을 정해둡니다.

함께 외근을 나갈 때는 10분 이상 늦으면 기다리지 않고 먼저 출발한다고 한계를 정하는 것도 좋습니다.

가혹하게 들리겠지만, 자신에게 지나치게 관대한 사람은 고통스럽지 않으면 좀처럼 개선하지 않습니다. 시간을 엄수할 때까지 가르치는 것은 당연한 일이지만, 어느 정도 선을 긋고 밀어내는 것도 효과적입니다.

누가 뭐래도 자기 방식을 고집한다

윗사람이나 동료의 조언을 듣지 않고 자기 방식을 고수하는 직원들이 있습니다. 경험이 없는데도 '나한테 맞는 방식으로 일하면 된다'라고 하며 상사의 지시를 무시하고 제멋대로 행동합니다.

이런 사람들은 하나같이 자존심이 강해서 자기중심적이고 독단적으로 일을 진행합니다. 그대로 두면 우선순위를 잘못 알고 주위에 폐를 끼치거나 큰 실수를 저질러서 조직에 피해를 줄 수 있습니다.

그런 부하직원을 상대하는 첫 번째 방법은 일단 연락과 보고, 상담을 제대로 하라고 주의를 주는 것입니다. 이때 일방적으로 지시하면 "왜 저만 이런 귀찮은 일을 해야 합니까?"라고 반발할 수도 있습니다. 불만을 말하면 상대가 이해할 수 있도록 이유를 설명합니다.

"문제나 실수로 조직에 피해가 발생하면 상사인 나는 회사에 상황을 설명하거나 경우에 따라서는 책임을 져야 해. 그래서 직원들의 업무 방식과 진행 상황을 파악하려면 연락과 보고, 상담은 반드시 필요해."

당신에게는 아주 당연한 일을 부하직원들은 의외로 모를 수도 있습니다.

상사로서 위치와 역할, 책임이 있다는 것을 이해시키고, 이 또한 부하직원을 위한 것임을 확실하게 설명하세요. 양쪽이 수긍한 다음 지시한다면 상대의 태도도 달라질 것입니다.

이렇게 부하직원이 보고한 내용을 공유하면서 소통합니다.

일방적으로 자신의 가치관을 강요하지 말고 방향성에 차이가 있으면 수정해나갑니다.

어느 정도 허용 범위를 정해놓고 그것을 벗어나면 궤도를 수정하는 등 규칙을 정해두면 좋습니다. 여기서 자기 방식을 밀어붙이면 당신도 부하직원의 이야기를 듣지 않는 상사가 됩니다.

언제 선을 넘을지 모르는 부하직원을 지켜보면 가슴이 조마조마하겠지요. 하지만 자신이 상대의 진가를 판별할 정도로 넓은 그릇을 갖고 있다 생각하고 한번 지켜보세요.

부정적인 말로 분위기를 흐린다

의욕이 없다는 것은 조직 내에서는 문제가 되지만, 주어진 일을 제대로 하고 있다면 문제없습니다. 굳이 억지로 의욕을 보일 필요는 없으니까요. 매슬로의 욕구 5단계 이론에서도 설명했듯이 사람마다 회사에서 원하는 것이 다릅니다.

하지만 노골적으로 의욕이 없는 태도를 보이거나 타인의 감정을 생각하지 않고 부정적인 발언을 해서 팀의 사기를 떨어뜨리는 것은 좋지 않습니다.

부서의 사기를 떨어뜨리는 사람은 자신의 언행이 주위에 부정적인 영향을 미친다는 사실을 모르고 있는 경우가 많습니다.

이런 부하직원에게는 그런 행동이 문제라는 점을 확실히 알려 줘야 합니다. '나는 그저 사실을 말한 것뿐'이라고 생각하는 것입니다. 우선 상대방을 불쾌하게 할 뿐 아니라 팀 전체에 부정적인 영향을 주는 문제 행동이라는 점을 이해시킵니다.

하지만 이런 사람들에게 그 사실을 지적하면 '분위기가 안 좋아졌다는 이유로 질책을 받았다'고 생각해 오히려 반발하기 쉽습니다.

이럴 때는 결국 자신에게도 손해라는 점을 깨닫게 해서 행동을 개선하도록 해야 합니다.

예를 들어 부하직원이 회의 중에 사람들을 분란시키는 발언을 했다면, 회의를 마치고 나서 이렇게 물어보세요.

"아까 그런 식으로 말했는데, 그 말을 들은 사람은 어떻게 느꼈을 것 같아?"

"실망하셨겠지만 사실입니다."

이렇게 대답했다면 다시 물어보세요.

"그러면 그 말을 들은 주위 사람들은 어떻게 생각할까?"

부하직원은 모두 별문제 없다고 대답할 수도 있겠죠. 그래도 이렇게 말해보세요.

"그런 말은 자네한테도 손해로 돌아갈 테니 하지 않는 게 좋

아. 왜냐하면……."

본인도 불쾌해질 뿐 아니라 부서 전체의 분위기가 나빠지고 열심히 일해도 좋은 평가를 받지 못한다는 것을 알려줍니다.

무조건 그런 행동을 그만두라고 하지 말고, 그렇게 하면 자신에게 손해라는 점을 스스로 깨닫게 하는 것이 중요합니다.

지시를 불만으로 대응한다

단순히 지시 사항을 따르지 않는 것이 아니라 "그게 무슨 소용이 있습니까?", "그게 무슨 의미가 있나요?"라고 반발하는 사람이 있습니다.

상사가 부하직원이었을 때는 자세한 설명이 없어도 상사가 지시한 것은 무조건 해야 한다고 생각했습니다. 하지만 요즘에는 일의 배경과 목적을 이해하지 못하면 의욕이 나지 않아서 '하기 싫다, 못 한다'라고 하는 직원도 있습니다.

'상사에 대해 불만스러운 점은 무엇인가?'라는 설문조사에서, 놀랍게도 '지시가 불명확하다'라는 항목이 상위권에 올라 있었습니다.

이 결과를 보면서 일부러 지시를 따르지 않는 것이 아니라 상사가 부하직원들이 이해할 수 있는 방식으로 지시를 내리지 못하거나, 지시의 목적이나 의도를 파악하지 못한 부하직원들이 생각보다 많다는 것을 알 수 있습니다.

이 간극을 메우기 위해서는 일의 목적과 배경을 다시 한 번 꼼꼼히 설명해주는 것이 좋습니다.

귀찮아하지 말고 왜 이 지시를 내렸는지, 왜 지금 해야 하는지 구체적인 목적과 그렇게 함으로써 무엇을 얻을 수 있는지 등 전체적인 그림을 그릴 수 있도록 명확하게 지시하면 부하직원도 안심하고 일할 수 있을 것입니다.

실무 능력은 일류 수준이지만 인사 관리에는 서툰 상사가 생각보다 많습니다. 부하직원이 지시를 따르지 않는다고 생각되면 먼저 자신이 어떻게 지시를 내렸는지 되돌아보세요.

계속 하다 보면 알게 될 거라고 억지로 일을 시키다 보면 노골적으로 반발하거나 심지어 회사를 그만둘 수도 있습니다. 지시에 따르지 않는 것은 부하직원이 보내는 불만의 신호입니다.

초기 단계에서 알아차리고 개선하면 큰 문제로 발전하는 것을 막을 수 있습니다.

조언을 지적으로 받아들인다

요즘 젊은 세대는 '위에서 내려다보는 시선', 즉 '거만함'이라는 키워드에 매우 민감합니다. 조언이나 지도를 하면 노골적으로 언짢아하거나, '자기 얘기만 한다'며 반항적인 태도를 보이는 것도 당신의 지도를 '거만함'이라고 생각하기 때문입니다.

이러한 태도는 학교 교육과도 관련이 있습니다. 지금 교사들은 학생을 엄하게 꾸짖을 수 없는 위치에 있습니다. 조금만 엄하게 대하면 학부모들의 민원이 들어오고, 학생들은 '교육위원회에 신고한다'고 응수합니다. 이런 상황에서는 엄격한 지도를 할 수 없으니 윗사람에게 야단맞은 적이 없는 젊은 세대가 늘고 있는 것이죠.

오늘날의 젊은이들은 학교에서 '선생님에게 가르침을 받는' 것이 아니라 선생님은 '돈을 받고 나를 가르치는 사람', 학생은 '돈을 주고 배우는 사람'이라고 생각합니다.

물론 인간으로서는 대등한 관계입니다. 하지만 이런 의식을 갖고 사회에 나가기 때문에 사회적 위계 관계를 이해하지 못합니다. 이 또한 시대의 흐름일지도 모릅니다.

상사가 그런 부하직원들에게 '사회 구성원은 이런 것'이라고 가르쳐도 절대 납득하지 못합니다. 상사는 열심히 가르쳤다고 생각하지만 부하직원은 상사가 자기 이야기만 떠벌리고 잘난 척하는 사람으로 느껴집니다.

속마음 들키지 않고 할 말 다 하는 심리 대화술

이런 사람들을 상대하려면 그들을 가르치기 전에 먼저 다가가는 모습을 보여주는 게 좋습니다. 그들이 실수하면 처음부터 '이렇게 하면 안 되지'라고 잘라 말할 것이 아니라 다음과 같은 말을 쿠션처럼 끼워 넣어보세요.

"처음에는 다 그래."

"나도 옛날에 그렇게 한 적이 있어."

부하직원의 행동을 정면으로 부정하는 대신 그들의 생각과 행동을 받아들인 다음 자신의 의견이나 생각을 전하는 것이죠.

그렇게 말했는데 부하직원이 기어오르는 듯한 태도를 보이면 '실패하면 내가 책임지겠다'라고 말해보세요. 엄격함과 위엄을 보여주는 것만이 리더십은 아니니까요.

부드럽게 상하 관계를 환기시키면서 조언이나 지도를 하면 부하직원도 부드럽게 받아들일 수 있을 것입니다.

힘든 일이지만 이런 부하직원과 정면으로 대립하는 것은 시대의 흐름에 역행하는 것입니다. 생각을 바꾸어 시대의 흐름에 잘 따라갑시다.

실수하면 변명만 한다

직책이나 나이에 상관없이 실패했을 때 변명만 하는 사람들은 자신이 하는 말이 변명이라고 생각하지 않습니다.

심지어 그들은 '실패한 이유(다른 사람이 보기에는 변명일 뿐이지만)를 제대로 설명했으니 책임을 다했다'라고 생각합니다. 근본적인 해결을 하지 않았기 때문에 같은 실수를 반복하는 경향도 있습니다.

이런 사람들에게는 실패했다는 사실에만 집중하지 말고 어떻게 했어야 했는지에 초점을 맞춰 질문해보세요.

부하직원이 "예산이 없어서 달성하지 못했습니다"라고 했다면, "어느 정도 예산으로 어떻게 할 수 있었을 것 같아?"라고 구체적으로 물어봅니다.

그들이 스스로 생각하고 답을 낼 수 있도록 힌트를 주거나 공을 패스하듯이 대화를 주고받으면 본질적인 부분을 개선할 수 있습니다.

티 내지 않고 직원을 관리하는 법

재택근무를 하는 부하직원이 근무시간에 성실하게 일하고 있는지 불안한 것은 부정 편향 때문입니다. 인간의 뇌는 긍정적인 것보다 부정적인 것을 더 많이 기억하도록 설계되어 있습니다. 이것은 자신의 몸을 지키기 위한 생존 본능입니다.

그런데 상사가 부정 편향에 너무 끌려 다니면 일전에 봤던 부하직원이 꾸벅꾸벅 조는 모습이나 잡담하는 모습처럼 불안을 자극하는 요소들이 차례로 머리에 떠오릅니다.

심지어 평소 열심히 일하는 직원도 일을 잘하고 있는지 의심스러워집니다. 그래서 불안을 떨쳐버리려고 '웹캠을 켠 상태에서 일할 것', '1시간에 한 번은 진행 상황을 보고할 것'이라고 깐깐하게 지시하는 것이죠. 그러면 직원들도 힘들고 상사도 불필요한 걱정에 신경 쓰느라 에너지를 낭비합니다.

이런 부정 편향에 휘둘리지 않는 방법은 부정적인 이미지를 긍정적인 이미지로 지우는 것입니다.

부하직원이 게으름을 피울까 봐 걱정될 때는 업무 면에서 그들의 장점과 높이 평가할 수 있는 부분을 3가지만 떠올려보세요. 그러면 부정적인 이미지를 중립으로 돌릴 수 있습니다.

부정적인 이미지가 형성되는 것은 사람의 습성이라서 어쩔 수 없습니다. 하지만 중립적인 상태로 되돌리지 않으면 부하직원들을 관리할 궁리만 하게 됩니다.

불필요한 일에 시간과 에너지를 쏟느라 팀의 생산성을 떨어뜨리지 않도록 의식적으로 긍정적인 요소를 생각합시다.

분위기 깨지 않고

하고 싶은 대로 하는 박 사원

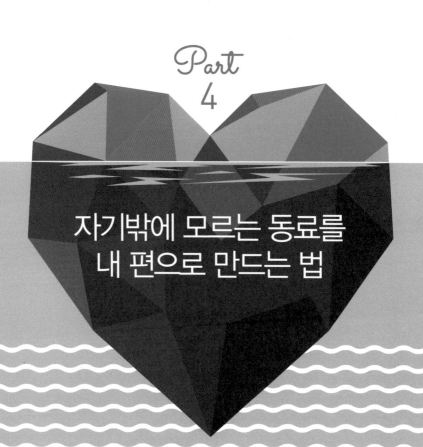

자기밖에 모르는 동료를
내 편으로 만드는 법

일하는 방식이 맞지 않을 때

여러 사람들이 어떤 활동을 하기 위해 한 집단에 모이면 '동조압력(peer pressure)'이라는 힘이 작용합니다.

동조압력이란 주변 사람들과 똑같이 생각하고 행동하도록 암묵적으로 강요하는 것을 말합니다. 회사는 '같은 포부를 가지고 하나가 되어 회사의 매출에 공헌할 것'을 목표로 하는 조직이므로 아무래도 동조압력이 작용하기 쉽습니다.

동조압력은 집단의 결속력을 높이는 중요한 요소이긴 하지만 지나치면 "같은 공간에서 같은 시간에 일합시다", "회사가 어려울 때는 다 같이 고생합시다. 일부만 뒤에서 편하게 지내는 건 용납할 수 없어요"라는 인식이 강해집니다.

다양성이 인정되지 않으면 숨 막히는 조직이 될 수밖에 없습

속마음 들키지 않고 할 말 다 하는 심리 대화술

니다.

동조압력의 바탕에는 '모든 사람은 평등하다'라는 생각이 깔려 있습니다. '평등'이라고 하면 차별이 없고 평화로운 광경을 떠올리겠지만, 뒤집어보면 남보다 탁월한 능력이 있거나 혼자만 편하게 일하는 것을 용납할 수 없다는 의식도 포함됩니다.

아무리 같은 회사의 직원과 동기라도 사람은 저마다 다른 능력과 개성을 갖고 있습니다. 잘하는 분야가 제각각이니 당연히 성과도 제각각이겠죠.

그런데도 그 '차이'에만 집중해 질투심을 드러내며 "저 사람은 교활해", "저 사람은 협조가 뭔지 몰라"라는 꼬리표를 붙이려고 합니다.

질투의 대상이 된 사람도 괜한 싸움을 피하려는 나머지 억지로 다른 사람들과 보조를 맞춰 동조압력에 굴복하는 경우가 많습니다.

육체적, 심리적인 장애로 병원에서 당분간 일을 쉬라는 진단을 받아도, "모두 고생하는데 나 혼자 아프다고 쉬어도 될까? 뒤에서 뭐라고 하지 않을까?"라는 생각에 휴직을 주저하는 것은 동조압력에 휘둘리는 전형적인 모습입니다.

우리는 어린 시절부터 다양한 상황에서 조화로운 분위기를 깨뜨려서는 안 된다, 남에게 폐를 끼쳐서는 안 된다 등 남들과 똑같이 행동하도록 요구받습니다.

특히 학교에서도 남들과 똑같이 행동해야 착한 아이라고 주입하므로 '개개인의 능력을 마음껏 발휘해야 하는 직장'에서도 분위기를 맞춰야 한다는 심리가 작용합니다.

물론 모든 인간은 평등합니다. 하지만 능력에 개인차가 있는 것은 당연합니다. 당신이 조직의 구성원인 한 업무 수행을 위해 어느 정도는 다른 사람들과 협력해야 합니다.

그렇다고 해서 자신의 능력을 제대로 발휘하지 못하고 주위 사람들과 보조를 맞춰야 하는 것은 아닙니다. 마찬가지로 다른 사람들보다 능력이 좀 떨어진다고 해서 건강을 해칠 정도로 무리하거나 자신을 비하할 필요 없습니다.

이것은 함께 점심을 먹으러 가거나 주말에 동료들과 만나는 등 업무 이외의 일에도 적용됩니다. 당신이 직장 사람들과 협조해야 하는 것은 어디까지나 업무 범위 내에서입니다.

개인적인 시간까지 지나치게 맞출 필요는 없습니다. 당신은 자신의 의지를 존중하고 행동할 권리가 있습니다.

휘둘리지 않을 정도의 거리 두기

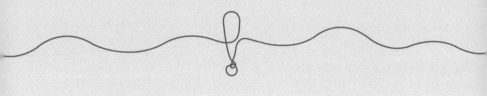

사회인이라면 누구나 한 번쯤은 동조압력을 느낀 적이 있을 것입니다. 하지만 거절하기 어렵다고 해서 무엇이든 맞추고 받아들이다 보면 점차 성가신 사람이 당신을 만만하게 보고 이용하려 들 것입니다.

예를 들어 당신이 거부감을 느끼거나 번거로워하는데도 아랑곳하지 않고 '내 말을 들어!' 또는 '나 좀 도와줘'라고 다가오는 동료가 있을 것입니다.

'당신의 상황을 무시하는 말과 행동을 반복하는 것'은 당신에 대한 의존도가 커지고 있다는 신호이니 그런 사람들을 조심해야 합니다. 무리한 부탁을 거절할 수 없다면 당신도 상대에게 휘둘리고 있는 것입니다.

이런 상황에 처한다면 상대방과 무조건 물리적인 거리를 두는 것이 좋습니다. 전혀 마주치지 않거나 대화하지 않는 것은 현실적으로 어려울 테니 우선 상대방이 불평하거나 험담하기 시작하면 다음과 같이 시간제한을 두고 넌지시 거절하는 말을 해봅니다.

"급하게 처리해야 할 일이 있으니 5분 내로 부탁할게요."

"지금 좀 바빠서 미안하지만 5분밖에 시간이 안 나네요."

"나도 지금 여유가 없으니 10분 정도면 될까요?"

이렇게 해보고 나서 그다음에는 시간제한마저 없애버립니다.

"지금 너무 바빠서 시간을 내기가 힘드네요."

"오늘은 퇴근 후(또는 점심시간)에 볼일이 있어서요."

시간을 내고 싶어도 낼 수 없다고 하면 상대도 할 말이 없겠죠.

우리는 상담해줄 때, 자신도 모르게 '좋은 조언'을 해주고 싶은 마음에 너무 열심히 하는 경향이 있습니다.

상담에 익숙하지 않은 일반인이 다른 사람의 고민을 들어주는 것 자체로도 상당한 정신적 부담이 되기 때문에 상대의 의존 상태가 지속되면 당신이 지치게 됩니다.

정신적으로 여유가 있다면 모르지만, 그런 상황이 오래 지속되면 '이제 좀 그만해!'라고 폭발할 수도 있습니다.

　의존형 사람들은 악의 없이 이런 행동을 하기 때문에 지금까지 친절하게 이야기를 들어주던 당신이 갑자기 화를 낸다면 오히려 불쾌해할 수 있습니다. 당신의 형편이나 기분을 무시하고 의존하는 상대가 먼저 잘못했는데, 오히려 당신이 나쁜 사람이 되는 형국입니다.

　사실 의료 종사자도 환자에게 의존하지 않도록 때때로 거리를 둡니다. 예를 들어 우리가 권한 것보다 병원에 더 자주 오고 싶어 하는 사람들은 의료 종사자에 대한 의존도가 높은 상태라고 할 수 있습니다. 이런 경우 의존도가 높아진 상황을 설명하고 적절한 거리를 유지해야 합니다.

　친절과 배려, 협조도 중요하지만 남에게 맞추기만 하면 이리

저리 휘둘리게 됩니다.

사회에 나가면 주위의 관점으로 사물을 판단하는 것뿐만 아니라 자신의 잣대를 세우는 것도 중요합니다. 이 '잣대'가 바로 나의 감정입니다.

회사 일에서는 '내가 하기 싫으니까 안 한다'고 할 수는 없지만, 남들과 보조를 맞추기 위해 싫어하는 것을 억지로 좋아할 필요는 없습니다.

당신이 무엇을 느끼는지는 어디까지나 당신의 자유입니다. 자신의 감정까지 부정하지 않아도 됩니다.

속마음 들키지 않고 할 말 다 하는 심리 대화술

끌려가지 않으려면 주도하라

또 하나 기억해야 할 것은 '조직에서는 자신의 잣대로 판단하는 동시에 상대방의 관점에서 생각할 수 있어야 한다'는 것입니다.

상대의 생각을 모두 받아들이면 휘둘리겠지만 그렇다고 자신의 잣대만 갖고 판단하면 당신이 주위 사람들을 휘두를 수 있습니다.

우리는 여러 가지 요구를 받지만 그것을 전부 따를 수는 없습니다. 그러니 먼저 상대의 입장에서 현재 상황을 살펴봅시다.

그리고 나서 그 사람이 무엇을 가장 힘들어하는지, 그것은 당신이 해야 할 일인지 생각해보세요. 동료들의 푸념 따위는 일보다 우선순위가 낮을 뿐 아니라 당신이 꼭 들어야 할 사항도 아닙니다. 당신의 잣대로 판단해서 '지금은 듣고 싶지 않다'면 듣지 않아도 됩니다.

갑자기 자신의 잣대로 행동하기가 어렵다면 쉬는 시간에 자신의 행동을 바꾸는 것부터 시작해보세요. 항상 같은 무리와 점심을 먹으러 갔다면 오늘은 다른 동료와 함께 가거나 혼자 가보는 것입니다.

항상 다른 사람이 정한 식당에서 점심을 먹었다면 자신이 가고 싶은 식당을 추천하는 등 업무와 직접 관련 없는 것부터 하다 보면 점점 쉬워질 것입니다.

일상생활에서 할 수 있는 것부터 조금씩 시작해봅시다. 다시 한 번 말하지만 직장은 친구를 사귀는 곳이 아니라 일하는 곳입니다. 직장 내 인간관계는 일을 원활하게 하고 회사에 이익을 가져다주기 위한 수단일 뿐입니다. 할 수 있다면 인간관계 외의 수단으로 목적을 달성해도 됩니다.

속마음 들키지 않고 할 말 다 하는 심리 대화술

좋지도, 나쁘지도 않은 중간 지대

다른 사람과의 거리감은 0이나 100, 또는 사이가 좋다, 나쁘다로 나눌 수 있는 것이 아니라 좀 더 모호한 것이라고 생각합니다. 게다가 거리감을 인식하는 방법과 쾌적한 거리는 사람마다 다릅니다.

사람들이 종종 오해하는 것이 '거리'를 모두에게 똑같이 적용해야 한다는 생각입니다. 자신에게 기분 좋은 거리를 유지하지 못하면 당신은 에너지를 소모하고 많은 스트레스를 받을 것입니다.

무례하게 구는 것은 좋지 않지만, 가족이나 연인과의 거리가 오늘 처음 만난 사람과의 거리와 같지 않듯이 사람마다 거리감이 다른 것은 자연스러운 일입니다.

직장 내 인간관계에서 가장 좋은 거리는 업무를 차질 없이 수행할 수 있는 정도입니다. 너무 가깝지도, 멀지도 않고 상대와 내가 스트레스를 받지 않는 거리가 기본입니다.

누군가와 더 친해지고 싶다면 그 사람에게 호감을 표현하거나 점심을 함께 먹으러 가는 등 업무 외에 교류하면 됩니다. 그렇지 않은 사람에게도 그렇게 해야 한다고 생각하는 것은 거리감을 잘못 인식하고 있는 것입니다.

거리를 좁히는 것은 나쁘지 않지만, 강요하거나 강요당해서도 안 됩니다. 직장에서 인간관계 문제로 상담하러 오는 사람들 중 상당수가 거리 두기를 잘못하고 있습니다.

거리감을 확인하는 방법은 평소 대화를 나눌 때 '서로의 역할에 따른 화제'를 넘어서는가 하는 것입니다. 직장인이라면 서로의 역할에 따른 일 이야기만 해도 전혀 문제없습니다.

가족 이야기나 개인적인 고민을 화제로 삼거나 휴일에 함께 낚시하러 갈 계획을 세우는 사이라면 직장 내에서도 꽤 가까운 편입니다.

침묵을 메우기 위해 거리를 두고 싶거나 곁을 떠나고 싶은 상대와 무리하게 잡담을 나누거나 과거의 실패담 같은 화제를 꺼내지 않는 것이 좋습니다.

속마음 들키지 않고 할 말 다 하는 심리 대화술

침묵의 어색함 때문에 저도 모르게 입을 여는 사람들이 있습니다. 하지만 침묵한다는 것은 상대도 별로 말하고 싶지 않은 심리일 수도 있습니다. 단둘이 있을 때는 특히 어색할 수 있겠죠. 하지만 당신만 그렇게 신경 쓸 필요는 없습니다.

첫 만남부터 개방적이고 심리적으로 가까운 사람도 있지만, 상대방의 성품을 잘 모를 때는 억지로 마음을 터놓지 않아도 됩니다.

직장에서 내 역할에 맞는 거리감을 기본으로 두고 무난하게 관계를 맺어보세요.

대화를 차단하는 심리적인 시그널

소통할 때의 마음가짐으로 먼저 제안하고 싶은 것은 '성가시거나 마음이 맞지 않은 사람에게 말을 걸지 않아도 괜찮다고 생각하라'는 것입니다.

성가신 사람과 접촉하지 않는 가장 빠른 지름길은 '상대방이 당신을 친해지기 힘든 사람'으로 인식하게 만드는 것입니다. 대화할 기회가 줄어들면 자연스럽게 소통 스트레스가 줄어들기 때문에 굳이 말을 걸 필요 없습니다.

처음부터 거침없이 다가와서 당신의 마음에 흙발로 들어오는 성가신 사람은 당신이 불편해하는 것도 눈치채지 못합니다. 자신이 편안하게 느끼는 선을 상대가 넘어섰다고 느끼면 당신의 태도를 바꿔보세요.

이야기를 들을 때 상대와 정면으로 마주 보지 않고 몸을 비스듬히 틀거나 둘 사이에 가방을 놓거나 팔짱을 끼거나 시선을 마주치지 않는 등 다가가기 어렵고 낯선 태도로 대하는 것입니다.

여러 가지 시도를 하다 보면 상대방도 조금씩 달라질 것입니다.

부부나 가족 등 가까운 관계도 오래 함께 있으면 저도 모르게 피곤해집니다. 하물며 싫어하는 사람에게 계속 맞추는 것은 적지 않은 스트레스를 줍니다.

주변 사람과의 거리를 종종 확인하고 너무 가까이 가지 않는 정도로 거리를 유지하세요.

미움받지 않고 잘 거절하는 방법

상대의 요청과 권유를 거절해야 하는 상황이 생겼을 때 '상대 방에게 불쾌감을 주지 않고 거절하는 3단계'를 소개합니다.

1. 감사의 뜻을 전한다.
2. 거절하는 이유와 사과의 뜻을 전한다.
3. '다음에'라고 암시한다.

이 방법에 따라 거절하면 대부분 나쁜 인상을 남기는 것을 피할 수 있습니다. 예를 들어 초과근무를 요청받으면 바로 안 된다고 딱 잘라 말하지 말고 먼저 "요청해주셔서 감사합니다", "저한테 말씀해주셔서 감사합니다"라고 상대의 감정과 요구를

속마음 들키지 않고 할 말 다 하는 심리 대화술

일단 받아들입니다.

항상 뭔가 부탁하러 오는 사람이 말을 걸면 속마음이 얼굴에 나타나기 쉬운데, 일단은 꾹 참고 웃는 얼굴로 가볍게 감사를 표현해보세요.

그다음에 거절하는 이유와 사과의 뜻을 전합니다. 직설적으로 "불가능합니다", "못 해요"라고 하면 퉁명스러운 인상을 줄 수 있습니다.

"부모님을 모시고 병원에 갈 일이 있어서요. 죄송합니다."

"오랜만에 고향 친구가 와서 선약이 있네요. 정말 죄송합니다."

상대방이 '그렇다면 어쩔 수 없다'고 생각할 만한 이유를 몇 가지 준비해두면 즉각적으로 대응해야 할 때도 잘 넘길 수 있습니다.

휴일에 출근하라고 하면 "친구 결혼식 때문에 그날은 출근할 수 없습니다", "친구 이사를 돕기로 약속했어요"라고 이유를 말합니다.

하고 싶은 마음은 있지만 다른 일이 있어서 도저히 안 되겠다는 내용으로 거절하는 것이 중요합니다.

실제로 업무가 바빠서 요청을 수락할 수 없다면 A4 용지에 적은 '투두리스트'를 보여주고 이해를 구할 수도 있습니다.

하지만 일을 요청한 사람은 거절당했다는 생각에 민망해할 것입니다. 그러니 "부탁을 못 들어드려서 죄송합니다. 다음에 잘 부탁드릴게요"라고 다음에는 요청을 들어주겠다는 마음을 전하고 마무리합니다.

3단계로 거절하면 예의 바른 사람이라는 인상을 줄 수 있고 거절당한 사람도 '그럼 이번에는 어쩔 수 없지'라고 불쾌하지 않게 받아들입니다.

동료의 요청을 거절하지 못하면 평소 의사소통에도 지장을 줄 수 있습니다. 성가신 사람에게 꼬투리 잡히지 않기 위해서라도 3단계 거절을 꼭 시도해보세요.

속마음 들키지 않고 할 말 다 하는 심리 대화술

내 앞길을 가로막는 사람에 대처하는 법

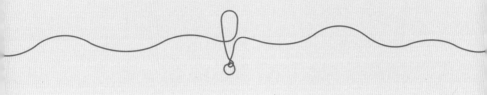

자기 방식대로 해석하는 사람

남의 말에 귀 기울이지 못하는 사람은 대부분 자기중심적인 성향이 강합니다. 뭐든 자기중심적으로 판단하는 사람들은 고집이 세고 자신과 다른 생각에 전혀 귀 기울이지 않습니다.

게다가 자신이 원하는 대로 일을 진행해서 성공한 경험이 있으면 다른 사람의 의견과 생각을 경청하지 않습니다. 사람들이 뭐라고 하든 자기 방식이 정해져 있어서 그 외에 다른 생각은 하지 않습니다.

사실 이런 의사들도 많습니다. 환자가 아직 하나밖에 말하지 않았는데 미리 결론을 내려버리는 것입니다.

머리 회전이 빨라서 척하면 안다고 생각하겠지만 환자는 '내 말을 듣지 않는 의사'라고 느낍니다. 이런 성품은 대개 자신도 모르게 이기적으로 행동하거나 남에게 상처를 주는 경우가 많습니다.

유감스럽게도 이런 사람들에게는 보편적인 논리나 당신의 생각을 말해도 소용없습니다. 상대방이 어떻게 생각하는지 관심 없으니 무슨 말을 해도 한 귀로 듣고 한 귀로 흘릴 뿐이죠.

그런 사람들이 주의를 기울이게 하는 방법이 있습니다. 청각에 호소하면 '그대로 통과'되어 버리니 시각을 사용하는 것입니다. 표나 순서도를 제시하면서 세세한 부분까지 제대로 설명합니다.

또 다른 방법으로 당신이 이야기를 시작할 때 "○○씨의 의견을 듣고 싶습니다"라고 먼저 말해보세요. 이런 사람은 대체로 자긍심이 강해서 이 한마디를 들으면 당신의 이야기에 관심을 갖고 귀 기울일 것입니다.

소문과 정보를 구분할 줄 모르는 사람

이런 사람들의 특징은 항상 화제의 중심이 타인이라는 점입니다. "아까 상사에게 불려가서 주의를 받았어요"와 같이 자신의 이야기가 아니라, "중간에 입사한 ○○씨 말이에요, A사를 그만두고 여기 왔대요"라고 남의 이야기를 주로 합니다.

이런 행동은 자기긍정감이 낮은 데서 비롯됩니다. 표적으로 선택한 사람의 부정적인 부분이나 알려지고 싶지 않은 내용을 다른 사람에게 퍼뜨려 그 사람의 평판을 떨어뜨리는 동시에 '이런 것까지 알고 있는 나는 대단한 사람'이라고 자신을 추켜세우는 것입니다.

더욱 골치 아픈 것은 거의 무의식적으로 이런 행동을 한다는 것입니다. 본인은 소문을 낸다기보다 '귀한 정보를 알려주고 있다'고 생각합니다.

이들의 이야기를 듣고 있다가 단순히 맞장구를 쳤을 뿐인데 공범이 될 수도 있고, 최악의 경우 '당신이 소문을 퍼뜨렸다'라며 뒤집어씌울 수도 있습니다.

듣고 싶지 않은 이야기를 듣고 있기도 힘든데 당신의 평판까지 떨어진다면 견딜 수 없겠지요.

이런 사람들을 대하는 방법은 다음과 같습니다.

• 가능한 같은 공간에서 시간을 보내는 것을 피하고 잡담을 하지 않는다.
• 무슨 내용이든 험담이나 소문에 일절 관심을 보이지 않는다.

무조건 거리를 두고 남의 험담을 듣지 않는 것이 당신을 지키는 길입니다. 당신이 그 자리에서 벗어날 수 있다면 최상이지만, 그럴 수 없다면 가능한 관심이 없다는 표현을 합니다. 예를 들어 잡담 중에 상대방이 누군가의 험담을 하기 시작하면 "아, 그렇군요"라고 말한 다음 상대와 눈을 마주치지 말고 스마트폰을 만지작거리거나 업무에 집중하는 척하면 됩니다.

가능한 거슬리지 않게 슬슬 멀어지면 상대방은 이야기를 들어줄 다른 사람을 찾아 떠날 것입니다.

자기 이야기만 하는 사람

자신이 세상의 중심인 사람들은 사실 자신감이 없고 불안합니다. 본인이 그것을 인지하는 사람도 있고 그렇지 못한 사람도 있습니다. 하지만 자신감 부족과 불안감을 주변 사람들이 알아차리지 못하도록 대부분 자존심을 내세우거나 남을 깔보면서 우월감을 느끼려 합니다.

이런 사람들을 상대하는 방법은 '실컷 자기 이야기를 하게 하는 것'입니다.

그들이 당신을 '경쟁자'로 인식한다면 어떻게든 자신의 우월함을 과시하려 할 것입니다. 정면으로 부딪히면 훨씬 더 과도

속마음 들키지 않고 할 말 다 하는 심리 대화술

하게 반응하기 때문에 에너지를 더 많이 소모해야 합니다.

적당히 맞장구치면서 '실컷 얘기하세요'라는 식으로 흘려듣는 것이 좋습니다. 그러면 당신에 대한 경쟁의식과 관심이 점점 줄어들 것입니다.

자신이 세상의 중심인 사람은 어떤 반응을 기대하면서 자극적인 말을 하기 때문에 듣고 있으면 짜증이 나게 마련입니다. 그들은 상대가 자신의 말에 어떤 반응을 하는지 보면서 즐기는 것입니다.

처음에는 그런 말을 무시하기가 힘들겠지만 자기 이야기가 시작되면 의식적으로 흘려듣도록 노력하세요.

또 하나의 방법은 '자기 이야기를 시작하면 그 사람을 한껏 칭찬'하는 것입니다.

사람들은 보통 노골적인 칭찬 앞에서는 경계 태세를 보입니다. 하지만 그들처럼 불안감이 높은 사람은 비꼬는 말을 민감하게 인지하지 못합니다.

"○○씨, 정말 대단해요. 저는 죽었다 깨나도 그렇게 못 할 것 같아요"라는 식으로 보통 사람이라면 '왜 저러나' 싶을 정도로 요란하게 칭찬해도 좋아합니다. 이런 사람과 대화를 나누는 것을 일종의 게임이라고 생각하면 마음이 편합니다.

존경과 인정 욕구가 충족되면 반대로 당신의 일을 돕거나 당신에게 유용한 조언을 해줄 수도 있습니다.

자신의 실수와 책임을 떠넘기는 사람

이런 사람들을 특히 조심해야 합니다. 내가 참기만 하면 어떻게든 해결될 문제가 아니라 잘못하면 나에게 실질적인 피해를 줄 수도 있습니다.

이러한 행동 뒤에는 완벽주의와 자기애가 숨어 있습니다. 원래 업무 실수와 그 사람의 가치는 전혀 상관없는데도, 그들은 2가지가 같다고 생각합니다.

실수하면 사과하고 그에 필요한 조치만 하면 되는데 '사과는 실수를 인정하는 것 = 인간으로서 가치가 하락하는 것'이라고 생각하기 때문에 사과하지 못합니다.

그런 사람들은 잘못에 대한 책임을 뒤집어씌워도 아무 말도 하지 못하는 사람에게 자기 실수를 전가합니다.

그것을 막을 수 있는 효과적인 방법은 오직 하나뿐입니다. '가능한 책임 소재를 명확히 하는 것'입니다.

이런 사람과는 무조건 이메일이나 채팅으로 소통해야 합니다. 어쩔 수 없이 말로 결정해야 할 경우에도 보고 형식으로 이메일이나 문자 메시지를 보내 증거로 남기는 것이 안전합니다.

"방금 미팅에서 ○○이라는 요청을 받았으니 말씀하신 대로 진행하겠습니다."

일대일 소통도 피하는 것이 좋습니다. 제삼자를 개입시키면 나중에 문제가 생기더라도 목격자가 있는 만큼 피해를 면할 수 있습니다.

존경과 인정 욕구가 강한 사람

'자신을 인정해달라'는 욕구는 누구나 조금씩 갖고 있습니다. 존경과 인정 욕구 자체는 나쁜 것이 아니지만 너무 커지면 주변 사람들이 피곤해집니다.

이런 사람들을 대하는 방법은 3가지입니다.

첫째, 인정 욕구를 현명하게 자극한다.

예를 들어 당신이 잘하지 못하는 업무가 있을 때, "저한테는 벅차네요. 우리 부서에서 가장 유능한 ○○씨에게 이 건을 맡기고 싶은데요"라고 요청해보세요.

인정 욕구가 충족된 상대는 기꺼이 당신의 요청을 들어줄 것입니다.

둘째, 상대방이 사용한 말을 그대로 사용한다.

상대방이 "오늘 오전 회의 발표 내용은 내가 생각해도 참 좋았어"라고 했다면 단순히 "아, 잘하셨네요"라는 대답 대신, "아침 회의 때 ○○씨의 발표는 정말 유익했어요"라고 상대방이 사용한 단어를 다시 씨보세요. 이름을 불러주면 더욱 효과적입니다.

사소한 일이지만 인정 욕구가 강한 사람들은 조금만 표현을 달리해도 자신을 거부한다고 느끼는 경향이 있습니다. 평소 대화를 나눌 때 이 점을 조금씩 의식하면서 이야기해보세요.

셋째, 작은 일에도 감사하는 마음을 전한다.

이것은 인정 욕구가 강한 사람뿐 아니라 전반적인 소통에서 모두 해당됩니다. 자신을 주시하는 사람이 있다는 것만으로 인정받았다는 기분이 들지요.

감사하는 마음을 분명히 전하고 적당한 거리를 유지하면서 잘 지내보세요. 사람을 이용하려는 것이 아니라 상대방의 특성에 맞춰 대하는 것입니다.

속마음 들키지 않고 할 말 다 하는 심리 대화술

자기가 하고 싶은 일만 하려는 사람

누구나 자신이 잘하는 일과 못하는 일, 좋아하는 일과 싫어하는 일이 있는 법입니다. 그런데 유독 자기가 하고 싶은 일만 하려 하고 나머지 일은 동료나 후배에게 떠맡기려 하는 사람이 있습니다. 주위 사람들에게는 상당히 민폐입니다.

이런 경우에는 주저하지 말고 상사와 상의하세요. 업무 분장은 본래 상사의 권한입니다. 당신이 직접 추궁하지 말고 상사를 제삼자로 끌어들여 해결하는 것이 상책입니다.

자기가 하고 싶은 일만 하고 다른 사람에게 자신이 할 일을 강요하는 사람은 어떤 목적이 있기 때문입니다. 자신이 편하거나 회사에서 좋은 평가를 받기 쉬운 일만 하려는 것이죠. 그 사람이 원하는 대로 하게 놔두면 점점 강도가 세질 뿐이니 애초에 빨리 대처해야 합니다.

만만하지 않은데

관계 좋은 거래처 강 차장

Part
5

자존감을 지키면서
거절하는 심리 대화

나를 지치게 하는 회사 밖의 빌런들

요즘은 고객 때문에 힘들어하는 사람들의 상담이 늘어나고 있습니다. 불합리한 행동을 일삼는 고객이 늘어난 배경에는 '고객은 신', '돈을 내는 사람이 우위'라는 의식이 깔려 있습니다.

상품과 서비스를 받는 대가로 돈을 지급하는 것이므로 소비자와 사업자는 본래 대등한 관계입니다. 고객이라고 해서 직원의 존엄성을 훼손하는 언행을 해서는 안 됩니다.

그러나 최근 SNS나 인터넷상의 입소문이 상상 이상의 영향력을 발휘하면서 사소한 불만으로도 SNS에 올리겠다고 위협하는 사람들이 생겼습니다. 이러한 추세로 인해 그 어느 때보다 '진상 고객'이 늘고 있는지도 모릅니다.

사업자 쪽은 차분한 대화를 통해 원만하게 문제를 해결하고 싶지만 안타깝게도 이런 사람들은 당위성이나 사업자의 사정을 일절 고려하지 않습니다. 하지만 서비스와 상품을 제공하는 측도 보호받을 권리가 있습니다.

이 장에서는 그 권리를 보호하고 피해를 최소화하기 위한 구체적인 방안을 살펴봅니다.

불합리한 행동을 일삼는 고객은 화를 내며 돌아가기도 하지만, 끈질기게 버티면서 어떤 요구를 하는 경우가 더 많습니다. 서비스 내용의 개선, 반품이나 환불, 교환 등은 할 수 있지만 때로는 그 이상의 과도한 요구를 하는 사람도 있습니다.

이런 경우 어떻게 대응하면 좋을까요?

가장 나쁜 선택지는 상대방의 요구를 100% 받아들이는 것입니다. 불합리한 요구가 쉽게 통한다고 생각되면 원래 하나였던 요구가 여러 개로 늘어납니다.

악질적인 상습범도 적지 않기 때문에 그들의 요구를 물리치려면 용기가 필요합니다. 하지만 이런 사람들에게 한번 굴복하면 앞으로도 똑같은 고민을 할 수 있습니다.

문제를 근본적으로 해결하려면 그 순간을 임시변통으로 넘기지 말고 '불합리한 요구는 통하지 않는다'는 인식을 심어주어야 합니다.

최대 10분 이상 대화하지 마라

진상 고객과 마주할 때 가장 먼저 염두에 둬야 할 것은 무리한 요구나 민원은 당신 개인에게 한 것이 아니라는 점입니다.

고객이 당신에게 소리치거나 끝없이 불평을 늘어놓으면 자신이 개인적으로 공격받고 있는 듯한 느낌이 들지만 사실은 그렇지 않습니다.

고객은 당신 개인이 아니라 회사나 가게에 불만이 있는 것입니다. '회사에 대한 불만의 화살이 하필이면 나를 향했다'는 점을 잊지 마세요.

개중에는 책임감이 강해서 혼자 문제를 해결하지 못하면 고객의 요구를 전부 받아들여야 한다고 생각하는 사람도 있습니다. 그러면 당신의 몸과 마음은 극도로 피로해질 것입니다. 그런 심

속마음 들키지 않고 할 말 다 하는 **심리 대화술**

리 상태에서 이성적으로 고객의 불만을 처리할 수 있을까요?

불합리한 요구를 하는 사람에게 '더 이상 요구해도 받아줄 수 없어요'라고 선을 긋기 위해서는 상대방의 행동을 그대로 받아들이지 말고 자신과 분리해야 합니다.

우선 '일대일로 대응하는 시간은 최대 10분'이라는 식으로 시간을 정해놓는 방법을 권합니다. '개인은 한 명에 10분', '현장에서 직접 대응하는 것은 최장 30분까지' 등 명확한 규칙을 정해둡니다.

상대는 자신의 요구가 받아들여질 때까지 끊임없이 클레임을 걸 수도 있습니다. 힘든 상황이 끝날 것 같지 않으면 정신적으로 상당히 고통스러울 것입니다.

실제로 그런 상황과 마주한 경험이 있는 사람은 잘 알겠지만, 정신과 의사의 입장에서도 일방적으로 욕설을 듣거나 민원이 쏟아지는 상황에서 이성을 지킬 수 있는 한도는 최대 10분입니다.

처음에 클레임을 받은 사람이 10분간 대응하다가 "관리자를 부르겠습니다"라고 하고 상사와 교대하세요. 그리고 그 상사도 10분간 대응한 다음 이렇게 유도합니다.

"말씀하신 의견은 본사에 올리도록 하겠습니다."

"이 자리에서 바로 판단하기는 어려우니 며칠 뒤 다시 한 번 말씀드려도 될까요?"

상대는 어떻게든 동의를 얻어내려고 하겠지만 버텨야 합니다. 그렇지 않아도 상식이 없는 사람인데 화가 난 상태에서는 무슨 말을 해도 통하지 않습니다. 날짜를 바꿔보기도 하면서 시간을 두고 상대방이 진정할 때까지 기다립니다.

이런 일은 병원에서도 종종 일어납니다. 환자의 권리가 매우 커진 이유도 있지만, 신체적 정신적으로 힘든 상태에서 대기 시간이 길어지면 접수처에 화를 내는 사람도 있습니다.

물론 대기 시간이 지나치게 긴 것은 병원이 개선해야 할 부분입니다. 하지만 접수처에서 민원을 계속 넣으면 업무가 중단되고 다른 환자들도 불편을 겪게 됩니다.

그래서 대부분의 병원은 '몇 분 동안 이야기를 듣고, 그 후에는 대응 인원을 늘리고, 그래도 계속되면 다른 날짜를 잡는다'라는 매뉴얼을 정해둡니다.

기업들은 대부분 민원 처리와 관련한 매뉴얼을 만들어두지만, 정작 직원들은 매뉴얼이 있다는 것도 모르는 경우가 있습니다.

우선 자신이 근무하는 회사나 가게에 민원 처리 매뉴얼이 있는지 알아봅니다. 악질적인 민원인을 만나기 전에 알아두면 심리적으로도 편해질 것입니다.

사소한 일로 화를 내는 심리

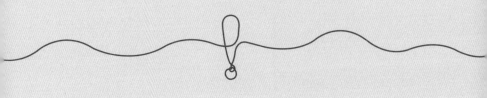

악질적인 클레임으로 무리하게 자신의 요구를 관철하려는 진상 고객뿐 아니라 사소한 일로 화를 내는 사람의 패턴은 정해져 있습니다.

이런 사람들의 공통점은 자신이 '악질적인 클레임을 하고 있다'거나 '말도 안 되는 요구를 하고 있다'는 점을 깨닫지 못한다는 것입니다. 오히려 대부분 '자신이 옳은 일을 하고 있다'는 정의감에 차 있는 경우가 많습니다.

객관적으로 보면 분명히 이상하다는 것을 알 수 있는데도 왜 이런 일을 할까요? 사실 이 사람들의 속내에는 인정 욕구가 숨어 있습니다.

이들은 종종 사회에서 자신의 능력을 정당하게 평가받지 못한다거나 존재를 인정받지 못하고 있다는 불만을 품고 있어서 인정 욕구가 채워지지 못한 상태입니다.

'나는 더 좋은 평가를 받아야 마땅하다'고 생각하기 때문에 기대한 만큼의 서비스를 받지 못하면 '나를 소홀히 대했다', '업신여겼다'라는 피해의식이 작용합니다.

예를 들어 젊은 점원을 불러서 "손님을 대하는 태도가 그게 뭐야! 내가 가르쳐주지!"라고 호통치는 어른들도 있습니다. 이런 행동도 자신의 존재 가치와 필요성을 인정해주길 바라는 심리에서 나옵니다.

화를 내서 상대방의 사과를 받으면 자신이 그 상황을 통제할 수 있고, 자신이 옳다고 인정받은 듯한 기분이 드는 것입니다.

'상대방(상황)을 통제할 수 있다'고 느끼는 기분을 '자기긍정감'이라고 하는데, 이것은 상당한 쾌감입니다. 그래서 한번 성공하면 이 쾌감을 다시 얻으려고 점점 더 강도를 높입니다.

속마음 들키지 않고 할 말 다 하는 심리 대화술

나를 가스라이팅하려는 사람들

내가 잘못한 게 아닌데도 갑자기 고객이 화를 내는 경우도 언제든 일어날 수 있습니다. 제대로 대처하는 방법을 모르면 두려울 뿐만 아니라 불난 집에 부채질하는 격이 될 수도 있습니다.

반대로 대처 방법을 알고 있으면 어떻게 해야 할지 전혀 모를 때보다 훨씬 침착하게 대응할 수 있습니다. 최악의 사태를 막기 위해서라도 올바른 대처법을 미리 알아둡니다.

불합리하게 분노를 쏟아내는 사람에게 대처하는 기본적인 방법은 크게 2가지가 있습니다.

우선 아무리 무서워도 허둥대거나 벌벌 떨지 않는 것이 중요합니다. 속으로는 무섭다고 느끼더라도 당당하고 의연한 태도를 보이세요.

첫인상이 약해 보이면 끝없이 설교가 이어집니다. 갑작스러운 일로 당황할 수도 있지만, '나 개인에게 하는 말이 아니다', '10분만 견디자'라고 마음속으로 되뇌입니다.

절대 해서는 안 되는 또 한 가지 행동은 화가 난 상대를 달래는 것입니다.

관리자나 상사, 현장 책임자 등의 직책을 맡고 있는 사람은 "손님, 그렇게 화내지 마시고 일단 진정하세요"라는 말로 어떻게든 일을 원만하게 마무리하려고 하지만 그 말이 되레 역효과를 낳을 뿐입니다.

그렇게 말하면 오히려 "내가 무슨 화를 낸다는 거야"라고 더욱 화를 낼 것입니다. '다독이려고 하는 행위'가 진상 고객에게는 '자신의 분노를 상대가 통제하려고 한다'는 뜻으로 받아들여지기 때문입니다.

앞에서 설명했듯이 '상대를 통제할 수 있다'는 자기긍정감을 내가 느낄 때는 매우 기분이 좋지만 상대가 느끼는 상황이라면 나는 대단히 불쾌할 수 있습니다.

그러므로 그들을 달래기보다는 먼저 상대방의 이야기를 잘 들어봅시다. 아무리 말도 안 되는 이야기를 하더라도 '어쩌면

속마음 들키지 않고 할 말 다 하는 심리 대화술

우리가 실수했을지도 모르니까'라고 생각하면서 먼저 상대방의 주장을 들어보세요.

'얼마나 화가 나 있는지', '무엇 때문에 화가 나 있는지' 상대방이 모두 털어놓도록 유도합니다. 이야기를 들으면서 상대방의 말투가 이상하다고 느껴도 절대 반박하지 마세요.

'그렇게 불만이 많으면 여기 안 오면 되잖아'라는 생각이 상대방에게 전달되면 분노를 더욱 부추길 뿐입니다. 그저 꾹 참고 얘기를 들어주세요.

상대가 분노를 다 쏟아냈다고 생각되면 다음 단계로 넘어갑니다. 상대방이 '화를 내고 싶은 마음'에만 공감하면서 사과해 보세요.

"고객님이 말씀하시는 것은 잘 알겠습니다. 불편하게 해드려서 정말 죄송합니다."

'여기까지 와주셨는데 불쾌하게 한 것'에 대해 사과하는 것일 뿐 우리가 잘못했다고 인정한다는 뜻은 아닙니다.

이것만으로 분노가 사라지지는 않겠지만, 화난 것에 대해 사과받는 것만으로도 분노의 정점을 넘어서 조금은 진정될 것입니다.

상대방이 마음을 가라앉히고 나면 이야기에 응해야 합니다. 고객의 이야기 중 정당한 부분이 있으면 앞으로 더 개선하겠다고 말하고, 무리한 요구는 들어줄 수 없다고 끈기 있게 말합니다.

거듭 말하지만 악질적인 고객을 상대할 때 가장 나쁜 대응 방법은 그 자리에서 화를 가라앉히기 위해 '이번 한 번만'이라며 상대의 요구를 들어주는 것입니다.

언뜻 손쉬운 해결 방법인 것 같지만, 이런 유형의 사람들은 한번 받아들이면 다음에도, 다음에도, 또 다음에도 더 심한 요구를 하게 마련입니다.

'무슨 말을 해도 안 되는구나'라고 상대방이 포기하게 만드는 것이 근본적인 해결책입니다.

'어디까지나 조직에 대한 클레임'이라는 것과 '시간제한'을 의

속마음 들키지 않고 할 말 다 하는 심리 대화술

식하면서 분노의 강도가 커졌다고 생각하면 '그 감정에 공감하기'를 반복하세요.

상대가 포기할 때까지 꾸준히 대응함으로써 '불합리한 요구는 통하지 않는다'는 태도를 고수하면 근본적인 해결책으로 이어질 것입니다.

상대의 요구에 휘말리지 않는 3가지 요령

불특정 다수를 상대로 하는 서비스업이 아니더라도 고압적인 태도로 자신의 요구를 관철하려고 하거나 상대에게 거절할 여지를 주지 않는 거래처나 의뢰인에게 시달리는 사람들이 꽤 있습니다.

개인적인 만남이 아니라 조직 간의 관계이기 때문에 조심하느라 무리한 요구를 받아들이게 됩니다. 그러나 진상 고객이 그렇듯이 한번 받아들이면 급기야 회사 전체에 문제를 일으킬 수도 있습니다.

이런 경우에도 '안 되는 것은 안 된다'는 태도를 고수하는 것이 중요합니다. 하지만 의뢰인의 요구를 거절하려면 상당한 용기가 필요합니다.

속마음 들키지 않고 할 말 다 하는 **심리 대화술**

회사에 민원이 들어오면 상사에게 질책을 받거나 사내에서 문제가 커질 수도 있다고 생각하면 거절하지 못하는 것도 당연합니다.

이러한 성가신 사람들의 무리한 요구를 성공적으로 피하고 원만하게 일을 처리할 수 있는 2가지 요령이 있습니다.

이런 요령을 잘 알아두면 억지 요구를 울며 겨자 먹기로 받아들이지 않아도 될 뿐 아니라 거절하더라도 문제가 커지지 않습니다.

혼자 해결하려 들지 않는다

당신이 전담하는 고객이라고 해도 모든 문제를 혼자 해결할 필요는 없습니다.

처음에는 '일부 제품의 샘플을 무료로 제공해달라'는 등 담당자 혼자 해결할 수 있는 정도로 시작합니다. 그러다 점점 과도한 할인이나 최악의 경우 법을 어겨야 하는 일까지 요구할 수도 있습니다.

이런 조짐이 보이는 고객에 대한 정보는 상사나 팀과 공유하는 것이 좋습니다. 특히 무리한 요구를 받았을 때는 사소한 일이라도 반드시 보고합니다. 상황을 전혀 모르고 있다가 갑자기 큰 문제가 터지면 회사에서 제때 대응하지 못할 수도 있기 때문입니다.

담당자가 어찌어찌 해결할 수 있다고 생각해서 무리하게 대응하다 보면 고객은 감당할 수 없는 요구를 하고도 '예전에는 이런 일도 해줬다'고 하며 당신을 궁지에 몰아넣을 것입니다.

고객과의 갈등은 개인이 아닌 회사에서 해결해야 한다는 점을 명심하세요.

대답을 서두르지 않는다

'회사 조직으로 대응한다'는 의식을 갖고 있으면 자연스럽게 할 수 있습니다. 우선 상대방의 요구를 그 자리에서 답변할 필요 없습니다.

설령 거절할 여지를 주지 않으려고 몰아붙여도 차분하게 수동적으로 들어보세요.

"제가 개인적으로 판단하기 어려우니 회사에 얘기해서 검토해보겠습니다."

"예산과 직원의 일정을 확인한 다음에 답변드리겠습니다."

어디에나 써먹을 수 있는 거절 문구를 몇 가지 준비해두세요.

상대는 당신에게 '예'라는 대답을 끌어내려 할 것이므로 급하게 대답하면 그 사람의 의도에 휘말리고 맙니다. 상대의 흐름에 말려들지 않도록 대응할 시간과 장소를 바꿔봅니다.

상대의 이야기를 10분 이상 듣지 않는다

곤란한 상황에 혼자 대응할 수 있는 한도는 10분 정도입니다.

"내 요구를 들어줄 때까지 여기서 꼼짝도 안 할 겁니다."

이런 경우에는 10분을 기준으로 이렇게 말해보세요.

"저 혼자 결정할 수 없는 사안이니 윗사람을 부르겠습니다."

담당자를 교체하고 나서도 고객이 물러서지 않는다면 다시 이야기합니다.

"이 건은 저 혼자 판단할 수 없으니 윗사람과 상의한 다음에 알려드리겠습니다."

일단 그 상황을 마무리하고 장기전에 들어갑니다. 시간을 두고 대응하면 그동안 상대가 진정하는 효과가 있습니다.

부하직원에게 바통을 넘겨받았는데 협상이 시작된 지 30분이 지나도 해결되지 않는다면 그 이상 이야기해도 소용없다고 판단합니다.

"저희 부서에서 결정하기 어려우니 내부 논의를 거친 다음에 답변드리겠습니다."

현장에서 직원이 혼자 처리할 수 없는 안건이라는 것을 명확하게 전달합니다.

거듭 말하지만 당신은 어디까지나 고객과 회사를 이어주는 역할입니다. 비록 그 자리에 당신과 상대, 둘만 있다 해도 당신은 개인이 아니라 회사의 담당자로서 이야기하는 것입니다. 스스로 해야 할 일과 조직의 힘을 빌려야 할 상황을 잘 구분하면 고객과 원만한 관계를 유지할 수 있습니다.

속마음 들키지 않고 할 말 다 하는 심리 대화술

절대 굽히지 않는 상대의 마음을 흔드는 법

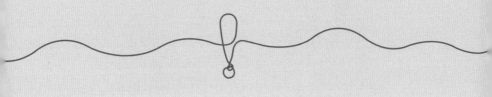

　이쯤에서 물러나면 좋겠지만, 때로는 고집을 굽히지 않는 고객과 입씨름하는 경우도 있습니다. 이와 같은 어려운 상황을 극복하기 위한 핵심은 '상대 중심으로 협상을 진행하는 것'입니다.

　예를 들어 '견적 금액을 좀 더 줄여달라'는 요청을 받았다면, "구체적으로 몇 퍼센트 정도를 원하시나요?"라고 질문하는 것입니다.

　상대방은 당신의 입에서 견적 금액을 낮추겠다는 말이 나오도록 유도하는 것입니다. 가격을 인하해서 최대의 수익을 내는 것이 목적입니다.

　그렇게 되지 않으려면 먼저 상대에게 상한선을 정해보라고 제안합니다. 상대방이 가격을 지나치게 깎지 않을까 싶지만 개

인인 고객과 달리 상대도 조직에 속한 사람입니다.

말도 안 되는 요구를 하면 본인이 책임져야 하므로 오히려 터무니없는 요구를 하기 어렵습니다.

그래도 불안하다면 이렇게 덧붙이세요.

"확실하게 그 금액에 할 수 있다고 약속드릴 수는 없습니다 만……."

"(요구 사항이 여러 개인 경우) 전부 처리해드릴 수 있을지는 모르겠습니다만……."

이런 식으로 상대의 요구 사항에 확실하게 선을 그어야 합니다. 반대로 상대가 명확하게 이야기하지 않고 시간을 끌 때는 요구 사항을 구체적으로 말해달라고 합니다.

"구체적으로 무엇을 원하는지 모르면 회사에서 검토할 수가 없습니다."

"구체적으로 말씀해주시면 참고하겠습니다."

상대방의 요구를 들은 다음에는 다시 한 번 "감사합니다. 장 담할 수는 없지만 회사에 안건을 올려서 검토하겠습니다"라고 쐐기를 박습니다.

이렇게 하면 '예, 아니오'라는 답변을 피하면서 상대방에게 일단 요구가 받아들여졌다는 인상을 줄 수 있고 상황을 원만하게 매듭지을 수 있습니다.

이것이 '상대 중심으로 협상하는' 방법입니다. 덧붙여서 당신이 협상을 제기할 때도 효과적인 방법입니다.

예를 들어 납기를 일주일 늦춰달라고 협상할 경우, 먼저 상대가 원하는 것이 무엇인지를 끌어냅니다.

"착오 없이 배송하려면 세부적인 사항을 확인해야 합니다. 그래서 납기를 조금 늦춰야 하는데 언제까지 기다려주실 수 있나요?"

정말 시급한 안건이라면 처음부터 납기를 엄수해달라고 요청할 것이고, 보통은 어느 정도 여유가 있을 것입니다. 하지만 처음부터 상대가 허용하는 범위를 넘어서서 우리가 원하는 대로 밀어붙이면 '말도 안 되는 소리를 하는 사람'이라고 인식될 것입니다.

너무 무리한 요구를 해서 상대방의 마음을 상하게 하면 그 당시에는 원하는 대로 협상이 되더라도 당신에 대한 신뢰는 땅에 떨어집니다.

상대의 허용 범위가 반드시 당신이 원하는 것과 일치할 수는 없겠죠. 그때는 자신이 노력할 수 있는 부분이 없는지 다시 한번 생각해보세요.

예를 들어 상대가 "사흘 정도는 늦출 수 있어요"라고 말했다면, "가능하다면 일주일 정도 연장해주시면 좋겠는데 아무래도 어렵겠죠? 그러면 5일 정도는 어떨까요?"라고 양보합니다.

당신이 먼저 양보하겠다는 의지를 보여주면 상대도 '조금 더 양보할까'라고 생각할 수도 있습니다. 협상은 양측의 의견 차이를 좁혀가는 것이 중요합니다.

우선 상대가 원하는 것을 잘 듣고 나서 초조해하지 말고 차분히 대응해나갑니다.

관계를 깨뜨리지 않는 거절의 기술

상대의 공격을 피할 수 있었다 해도 명확하게 거절해야 하는 상황도 반드시 있을 것입니다. 사내에서 검토하겠다고 하고 일단 그 자리를 벗어났다 해도 결국 당신은 담당자로서 결과를 알려줘야 합니다. 운 좋게 거절하는 자리에 상사가 동행해도 거래가 중단되거나 담당자가 바뀌지 않는 한 고객을 만나야 합니다.

계속 거래하려면 험악한 분위기가 되지 않도록 해야 합니다. 그러려면 검토 결과와 함께 상대에게 도움이 되는 정보를 구체적으로 제공해야 합니다.

비록 무리한 요청이라도 조금이나마 수긍할 만한 부분이 있다면 이렇게 피드백하는 것이 좋습니다.

"말씀하신 의견은 사내에서도 진지하게 생각하고 있습니다. 앞으로 업무를 개선하는 데 반영하도록 하겠습니다."

"매니저 회의에 보고했고 검토 결과, 회사 차원에서 심사숙고 해 어떻게 개선해나갈지 구체적인 방안을 마련해보겠습니다."

또는 좀 더 구체적으로 말해도 좋습니다.

"예산 내에서 최대한 품질이 좋은 제품을 제공할 수 있도록 최선을 다하겠습니다."

"앞으로 샘플로 대여 가능한 시험 장비를 검토하고 있습니다."

이번에는 거절했지만 상대방의 의견 덕분에 고객 개인뿐 아니라 회사에도 장기적으로 이익이 되었다고 말함으로써 상대방의 인정 욕구를 충족해줍니다.

'내가 한 말이 헛되지 않았고 인정받았다'라고 느꼈다면 비록 자신의 요구가 받아들여지지 않았어도 수긍할 수 있습니다.

앙금이 남지 않기 위해서라도 상대가 받아들일 수 있도록 확실하게 대응합니다. 당신의 진심이 전해지면 분위기가 험악해지지 않을 겁니다. 오히려 당신과 회사에 대한 신뢰가 커질 수 있습니다.

단호하지 않고 부드럽게 밀어내는 법

화를 내는 상대에게는 더 강하게 밀어붙여라

머리끝까지 화가 나서 대체 무슨 말을 하는지 모를 정도로 퍼붓는 사람도 있을 것입니다. 더구나 아무런 잘못이 없는 당신에게 말입니다.

상대의 의견에 공감해도, 담당자를 교체해도, 화가 가라앉기는커녕 점점 더 강도를 높여 경제적 보상을 요구하거나 손해배상, 위자료 청구라는 말까지 튀어나올 수도 있습니다.

상대가 그런 얘기를 꺼내면 당황해서 머릿속이 새하얗게 변하는데, 이럴 때 효과적인 말이 있습니다.

"고문 변호사와 상의하겠습니다."

회사에 고문 변호사가 없더라도 괜찮습니다. '변호사'라는 단어를 꺼내서 이야기를 마무리하려는 것이 목적이므로 사실은 없어도 됩니다.

변호사 외에 경찰이라는 단어도 효과적입니다.

"고문 변호사와 상의 후 답변드릴 테니 연락처를 알려주시겠습니까?"

상대의 개인정보를 확인하는 듯한 내색을 보이면 더욱 부담을 줄 수 있습니다.

구체적으로 어떻게 해야 하는지도 잘 모르면서 '손해배상'이니 '위자료'니 하며 법석을 떠는 진상 고객도 있는데 실제로 그런 일로 소송을 제기해도 불리해지는 것은 상대입니다. 당당하게 대처하면 오히려 상대가 움츠러들면서 자연스럽게 물러갈 것입니다.

일을 크게 만드는 것 같아서 거부감이 들 수도 있겠지만 그런 사람을 상대할 때는 주저할 필요 없습니다. 이쪽이 강하게 나가지 않으면 더욱 밀어붙일 것입니다.

사소한 일로 트집을 잡는 심리

가게 점원을 깔보고 무시하거나 사소한 일로 트집을 잡는 것은 일상에서 인정 욕구가 충족되지 않기 때문입니다. 분노를 터뜨려 타인을 복종시키고 '자신의 존재나 능력을 인정받을 기회가 없는' 욕구 불만 상태를 해소하는 것이죠.

그들은 '가게에서 돈을 내면 점원이 나를 손님으로 인정한다', '나는 이 가게에 꼭 필요한 존재'라고 인식합니다.

이들에게 가게는 자신의 인정 욕구를 충족하고 열등감을 해소할 수 있는 중요한 장소입니다. 어떻게 보면 매우 불쌍한 사람들이지만 그들을 직접 상대하는 사람은 괴롭기 짝이 없습니다.

가장 좋지 않은 것은 나도 화를 내는 것입니다. 정면으로 맞서면 열등감에 사로잡힌 상대는 더욱 화를 내기 시작합니다.

상대방이 화낼수록 상황은 더 복잡해집니다. 그러니 '욕구 불만으로 가득 찬 불쌍한 사람'이라고 생각하면서 흘려보내세요.

'고객이라고 해서 아무 말이나 다 해도 되는 줄 알아?'

이렇게 느낄 수도 있지만 자신의 태도에 당신이 반응하지 않는다는 것을 알면 상대방은 시시해져서 대상을 바꿀 것입니다.

이런 사람들은 열등감이 심하기 때문에 별것 아닌 말이나 태도를 보여도 곧바로 '자신이 거부당했다'고 느낍니다.

당신이 그 사람을 상대한다고 어설프게 열등감을 자극하면 시간과 에너지가 더 들어갈 뿐입니다.

'이 일을 하고 나서 맛있는 커피를 마시자'와 같이 고객을 대하는 일이 끝난 뒤의 자기 모습을 생각하면서 무시하려고 해보세요.

번복하는 사람에게는 증거로 맞서라

영업사원들은 다음과 같이 거래처에 휘둘리는 상황에 직면하는 경우가 많습니다.

예를 들어 지난번에 보고 싶다고 했던 자료를 만들어서 가져갔는데 거들떠보지도 않고, 지금은 전혀 다른 말을 하는 것입니다.

그런 거래처는 솔직히 진저리가 나기 마련입니다.

기본적으로 그런 사람을 대할 때는 '책임을 떠넘기는 사람'(148쪽)과 동일하게 대응하는 것이 좋습니다.

상대가 고객인 이상 '말했다', '말하지 않았다'는 식으로 얘기가 흘러가면 당신이 불리해지므로 이메일에 내용을 남겨두는 것이 중요합니다.

메모하는 것만으로는 주변 사람을 자기편으로 만들기에 부족합니다. 그러니 약속 후에 감사의 메일이라는 명분으로 고객이 요청한 내용을 확인하거나 중간 경과 보고를 하는 이메일을 상대방에게 보냅니다.

그 시점에서 '그런 말은 하지 않았다'라고 답장이 오면 다시 한 번 확인하고 중단하면 됩니다. 특별히 아무 대답이 없으면 마음 놓고 진행해도 됩니다.

전화 통화로 이야기한 내용이어도 이메일로 다시 보내면 내용에 차이가 없는지 확인할 수 있습니다.

이런 대책을 세워도 여전히 이리저리 의견을 바꾸는 거래처는 신속하게 맞대응합니다.

"지난번에 이렇게 말씀하셨는데 방침이 바뀐 게 맞습니까?"

분명하게 확인하면 상대는 '무슨 말을 해도 잠자코 있는 사람은 아니구나'라는 생각을 하게 됩니다.

가능하면 혼자 대응하지 않는 것도 중요합니다. 상사나 팀과 미리 상황을 공유하고 담당자와 일대일로 대화하지 않고 이메일을 보내면서 양측의 상사를 참조에 넣는 등, 여러 사람이 정보를 공유하면 큰 문제를 예방할 수 있습니다.

이런 일을 흐지부지 넘어가면 매번 똑같은 일을 당하고, 당신뿐만 아니라 회사 전체에 손실을 입힐 수 있습니다.

그러니 용기를 내어 구체적으로 행동해봅니다.

시시콜콜 지적하는 사람

한두 번이면 몰라도 일과 관계없는 말을 계속 들으면 화가 납니다. 아무리 고객이 지적한 부분을 개선해도 계속해서 얘기한다면 그 사람은 당신의 업무 방식에 불만이 있는 것이 아니라 당신이라는 사람 자체를 좋아하지 않는 것입니다. 때로는 서비스 자체와 회사에 불만이 있을 수 있습니다.

지적한 내용이 일리가 있다고 해도 모든 요청을 들어줄 수는 없습니다.

이런 사람을 대하는 방법은 2가지입니다.

첫째는 '감사합니다'라고 인사하고 적당히 상대방에게 맞춰주는 것입니다. 진심이 전혀 담기지 않아도 문제될 것이 없습니다. 그냥 받아넘기는 것이니까요.

둘째는 단도직입적으로 물어보는 방법입니다.

상대방이 불만을 터뜨리면 "혹시 저(또는 우리 회사)에 대해 별로 안 좋게 생각하시는 거 아닌가요?"라고 물어봅니다.

상대방이 깜짝 놀라서 되물어보면 이렇게 말해보세요.

"말씀해주셔서 정말 감사합니다. 하지만 저희 회사의 업무와 서비스에서 벗어난 내용이 많아서, 혹시 저희 회사 자체를 좋지 않게 보고 계시는가 해서요."

시시콜콜 지적하는 것은 부정적인 말을 반복하는 것과 같습니다. 자신의 행동이 분위기를 망치고 있다는 것을 깨닫지 못하는 경우가 대부분입니다.

뜻을 분명히 전달하지 않으면 계속 지적당할 겁니다. 따라서 회사의 방침을 명확하게 알려줍니다.

"말씀해주셔서 정말 감사합니다만, 업무와 직접 관련 없는 부분은 저희가 대응하기 어렵습니다."

얼핏 야박해 보이지만 말로 분명하게 전하지 않으면 이런 사람들에게는 통하지 않습니다. 싫어하는 태도 정도로는 눈치채지 못하는 것입니다.

사소한 일에 집착한다

일에 대한 요구라면 몰라도 업무와 상관없는 일에 집착하면 곤란합니다. 개개인의 요청은 별거 아니더라도 그것이 쌓이면 은근히 시간과 노력을 잡아먹으니까요. 이때는 '상대방의 요구를 거절하는' 것이 가장 좋지만 너무 단호하면 안 됩니다.

"회사 규정상 불가능합니다"라고 단언하지 말고 일단 상대방에게 공감하는 태도를 보여줍니다.

'상대방에게 불쾌감을 주지 않고 거절하는 3단계'는 마치 템

플릿처럼 어떤 상황에도 적용할 수 있습니다.

이 3단계를 확실히 머릿속에 넣고 대처해보세요.

1. 감사의 뜻을 전한다.
2. 거절하는 이유와 사과의 뜻을 전한다.
3. '다음에'라고 암시한다.

'회사 규정대로'라고 하면 정당한 이유가 되지만, 상대는 그것이 옳다는 것을 알면서도 마치 부당한 대우를 받은 것처럼 느낍니다.

예를 들어 온라인 회의나 전화 통화로도 충분히 해결할 수 있는 일을 굳이 만나야겠다고 하면 나름의 이유가 있을 것입니다. 일단 그 이야기를 듣고 나서 공감을 표현합니다.

"그렇군요. 만나자고 요청해주셔서 감사합니다. 그런데 대단히 죄송합니다만 지금 상황이 좋지 않은데, 다시 좋아지면 잘 부탁드립니다."

같은 거절이지만 상당히 부드럽게 들립니다.

매슬로의 욕구 5단계 이론에서도 언급했듯이 인간의 5가지 욕구 중 무엇을 중시하는가는 사람마다 다릅니다.

상사가 인사를 받아주지 않는 것이 심리적으로 관계를 어색하게 만들 수도 있습니다. 마찬가지로 당신에게는 별일 아니더라도 그로 인해 인간관계가 불편해지는 경우가 자주 있습니다.

그 점을 명심하고 상대를 존중하면서 좋은 관계를 유지해나가야 합니다.

언제나 쾌적한

마음의 습도 유지하기

Part
6

어떤 상황에서도
내 마음 먼저
보호하기

남에게 도움받고 싶지 않은 심리

코로나19 팬데믹 이후 재택근무와 원격근무를 하게 되면서 성가신 상사와 부딪힐 일이 없어서 인간관계에 대한 고민이 없어졌다는 사람들도 많습니다.

그런 반면 과거에는 부담 없이 '좀 도와주세요', '이건 어떻게 하면 될까요?'라고 요청할 수 있었는데 지금은 혼자 일을 떠안게 된 사람들도 있을 겁니다.

지금까지 여러 유형의 성가신 사람을 대하는 방법을 살펴봤습니다. 그런데 직장 내 인간관계로 고민하는 사람 중에는 서로 돕고 협력하는 것을 '상대에게 폐를 끼치는 행위'라고 여겨서 좀처럼 남에게 도움을 청하지 못하는 사람도 적지 않습니다. 이런 사람들은 생각을 너무 많이 한 나머지 자신의 능력을 넘어선

일까지 떠안고 혼자 고민합니다.

'사람 일은 서로 돕는 것'이라고 생각하지 못하는 사람은 남에게 도움받는다는 선택지가 머릿속에 아예 없기 때문에 직장 내 인간관계로 고민에 빠지기 쉽습니다.

'남에게 폐를 끼치기 싫다'는 생각은 책임감이 강해서 좋은 면도 있지만 한계까지 참고 참다가 어느 날 갑자기 폭발하여 결과적으로 회사에 큰 피해를 줄 수도 있습니다. 민폐라는 생각에 혼자 감당하다가 오히려 자신과 주변 사람들을 힘든 상황에 빠뜨리는 것이죠.

그렇게 되지 않기 위해 자신의 업무 역량을 분명하게 파악해 둡니다. 임계점을 넘어서기 시작하면 의식적으로 도움을 요청하세요. 그것이 큰 문제를 예방하는 해결책입니다.

지금까지 '의존한다 = 폐를 끼친다'고 생각하던 사람이 갑자기 도움을 요청하기는 힘들겠죠. 하지만 회사는 원래 팀플레이, 즉 서로 돕는 것에 기반을 둔 조직입니다.

만일의 경우에 부탁할 수 있도록 평소에 '작은 SOS 신호'를 보내는 연습을 해보세요.

모든 일을 완벽하게 해낼 수 있는 것처럼 보이는 사람이라도 사실은 잘 못하는 일도 있을 겁니다. 모든 면에서 100점 만점을 받는 사람은 없고, 애초에 일상 업무에서 100점 만점이 요구되는 일도 거의 없습니다.

당신이 보기에는 고작 60점이지만 남들이 보기에는 충분히 합격 점수입니다. 일단 60점만 맞으면 나에게 '합격증서'를 줄 수 있다고 생각하면서 긴장을 풀어보세요.

재택근무나 원격근무를 할 수 있게 된 요즘 같은 때야말로 그런 연습을 하기에 좋은 기회입니다.

평소 직장에서 근무할 때는 상대방의 태도나 반응을 신경 쓰느라 부탁하기 어려웠던 사람들도 이메일이나 채팅이라면 가볍게 부탁하기 쉽습니다.

자신에게 부여한 기준을 낮추고 다른 사람의 도움을 받는 요령을 익히면 회사 사람들과 훨씬 편하게 어울릴 수 있습니다.

부담 없이 편하게 부탁하는 기술

지금까지 줄곧 혼자 문제를 해결하려고 노력한 사람에게 갑자기 '주변 사람에게 도움을 요청하라'고 하면 '어떻게 그럴 수 있죠?'라고 거부감이 들 수 있습니다. 그렇다고 심각한 고민을 털어놓을 필요는 없습니다.

일단 '도움을 받았다'는 작은 성공 경험을 쌓아가는 것이 중요합니다.

우선 도움을 요청했을 때 받아줄 만한 사람을 찾아보세요. 이 사람은 백 퍼센트 내 고민을 들어줄 것이라고 확신하는 사람을 찾기는 어렵겠죠. 일단 사이좋은 동료나 후배, 가족이나 친구도 좋으니 이야기하기 편한 사람에게 도움을 요청해보세요.

우선 작은 것부터 부탁해봅니다. "워드 문서를 PDF로 어떻

게 변환하는지 아세요?"처럼 상대방이 부담을 가지지 않고 쉽게 해결할 수 있는 것부터 해봅니다. 오히려 부탁받은 사람은 자신이 다른 사람에게 도움이 되었다는 것에 기쁨을 느낍니다.

　사소한 부탁을 해보고 상대가 들어주었을 때 '부탁해도 되는구나', '질문해도 되는구나'라고 느끼는 것이 중요합니다.

　평소에 그 사람이 잘하는 분야를 파악해두면 적임자를 찾기도 쉽고 더 빠르게 해결할 수 있습니다. 갑자기 생각나는 대로 부탁해버리면 사소한 것이라도 상대가 알려줄 수 없는 경우도 있습니다.

　바로 해결될 거라고 생각했는데 예상외로 상대의 시간을 잡아먹어서 피해를 주었다는 생각이 들면 자기긍정감이 더욱 낮아지므로 의논할 상대를 잘 선택하는 것도 중요합니다.

다른 사람을 신경 써서 관찰하고 감정을 잘 파악하면 누가 적임자인지 알아내기도 쉬울 것입니다.

그다음부터는 성공 경험을 차곡차곡 쌓아나가세요. 조금씩 다양한 사람에게 도움을 청해보면 자연스럽게 서로 돕는 관계를 형성할 수 있습니다.

나에게 '고맙다'고 말하라

자신을 보살피는 것은 누구에게나 필요한 일입니다. 평소 인간관계로 고민하지 않는 사람도 자신을 보살펴야 합니다. 더구나 매일 성가신 사람을 상대하는 사람이라면 더욱 자신을 잘 보살펴야겠죠.

'자신을 보살피자'라고 하면 온천에 가거나 마사지를 받거나 유명한 맛집을 찾아가서 맛있는 음식을 먹고 여행을 가는 상상을 할 것입니다.

물론 자신이 좋아하는 일을 하는 것도 하나의 방법이지만, 매번 그렇게 하기는 힘듭니다. 우리는 매일 일상적으로 여러 가지 일을 해야 합니다. 그러니 자신을 보살피는 일은 가까운 곳에서 규칙적으로 할 수 있는 방법이 좋습니다.

누구나 매일 쉽게 할 수 있는 '나를 보살피는 2가지 방법'을 알려드리겠습니다.

1. 나를 칭찬하기

대부분의 사람들은 자신을 칭찬하는 일에 익숙하지 않습니다. '도대체 나의 무엇을 어떻게 칭찬하라는 것인가'라고 생각할 수도 있습니다.

하지만 '자신을 칭찬하는 것'은 자신의 장점이나 잘하는 것에 초점을 맞추지 않아도 됩니다. 일상에서 내가 열심히 하고 있는 것이나 사실은 하기 힘든 것을 했을 때 칭찬하는 것으로 충분합니다.

예를 들어 아침에 일어나는 것도 칭찬할 수 있습니다. 아침에 더 자고 싶었지만 제시간에 일어났다면 충분히 칭찬할 만합니다.

아침에 일찍 일어나는 것이 당연하다고 생각하겠지만 의외로 어려운 일입니다. 졸린 눈을 비비며 몸을 일으키고 회사에 갑니다. 직장에 성가신 사람이 있다면 더욱 힘든 일이겠죠. 그러니 자신을 듬뿍 칭찬해주세요.

이런 식으로 자신을 칭찬하는 습관을 들이면 좋습니다. 먼저 잠자리에 들기 전에 하루를 돌아보며 자신을 칭찬해보세요. 당신의 인정 욕구를 채워주고 자신을 치유하는 데 도움이 될 것입니다.

2. 남에게 고맙다고 말하기

남에게 고맙다고 하는 것이 왜 자신을 보살피는 행위일까요? 이유는 간단합니다. 누군가에게 감사하는 마음을 전하면 그 말을 하는 사람의 마음이 따뜻해지기 때문입니다.

감사는 자신이 상대에게 어떤 식으로든 배려받고 있음을 의식하는 행위입니다. 자신이 얼마나 사랑받고 얼마나 배려받고 있는지 돌아볼 기회입니다.

가족, 친구, 또는 편의점에서 일하는 사람에게 감사할 수도 있습니다. 평소에 고맙다는 말을 하지 않는 사람에게 감사의 마음을 표현해보세요. 처음에는 쑥스러워서 입이 떨어지지 않겠지만 습관을 들이면 분명 당신에게 큰 도움이 될 것입니다.

어려운 상황에서 누군가 당신을 도와줬을 때도 '미안합니다' 대신 '고맙습니다'라고 말해보세요.

상대방도 '기뻐하니 다행이다', '나한테 고맙다고 하니 나도 기쁘다'라고 느낄 것입니다. 당신도 '폐를 끼쳤다'에서 '도움을 받아서 기쁘다', '다행이다'라고 생각이 바뀔 수 있습니다.

사람들은 '고맙다'는 한마디를 들으면 마음이 편안해집니다. 상대방이 기뻐하고 자신도 따뜻한 마음이 든다는 것은 정말 멋진 일입니다.

하루에 한 번 성공 경험을 하는 법

자기긍정감이 낮고 무슨 일이든 자신이 없는 사람은 어떤 근거가 있어야 자신감이 생긴다고 생각합니다.

"나는 학벌도 좋지 않아."

"대기업에서 일한 적도 없어."

"보람 있거나 하고 싶은 일을 할 능력도 없어."

과거의 실패나 현재 상황은 절대 바꿀 수 없다고 여기고 그 상태에 완전히 갇혀버리는 것입니다.

하지만 자신감은 '스스로 나를 어떻게 보느냐'와 깊은 관련이 있습니다. 이 '셀프 이미지'를 개선하는 것이 자신감을 얻는 지름길입니다. 셀프 이미지는 성공 경험을 채움으로써 향상할 수 있습니다.

성공 경험이라고 해서 남들이 놀랄 만한 성과를 내라는 말이 아닙니다. 자신감을 키우는 데 정말 중요한 것은 숫자입니다. 큰 성공 경험 하나보다 작은 성공 경험 10개가 '나는 좋은 사람'이라는 자신감을 키워줍니다.

이를테면 '성가신 상사에게 내가 먼저 인사하는' 것으로도 충분합니다. 어떤 것을 시도해보고 잘되었다면 그 모든 것을 성공 경험이라고 생각하면 됩니다. 사소한 성공 경험을 의식적으로 많이 만들어봅니다.

'매슬로의 욕구 5단계 이론'을 바탕으로 다양한 성공 경험을 할 수도 있습니다.

예를 들어 당신이 항상 새벽 2시에 잠자리에 든다고 하면 오전 9시까지 출근해야 하니 잠이 부족할 것입니다. 좀 더 일찍 자는 것이 좋다는 것을 알지만 좀처럼 그렇게 하지 못하는 사람들이 많습니다.

이때 '생리적 욕구'를 충족하기 위해 어떻게 하면 될까요? 실제로 계획하고 행동에 옮기면 됩니다.

'수면 욕구를 충족하려면 최소한 6시간은 자야 하니까 밤 12시까지는 침대에 눕자. 그러려면 야근을 1시간 줄여서 9시에는 집에 돌아오자.'

계획한 대로 실행했다면 자신을 칭찬해주세요.

또 하루에 세끼를 먹은 것도 훌륭한 성공 경험입니다. 세끼를 챙겨 먹지 못했다면 이유를 찬찬히 생각해보세요. 너무 바빠서 점심을 걸렀는지, 몸 상태가 좋지 않아서 먹을 수 없었는지, 식욕이 없어서 못 먹었는지 말이죠.

이유를 알아내면 그에 따라 계획을 세워서 실행해보세요. 너무 바빠서 점심시간에도 자리를 뜨지 못한다면 10분 일찍 집을 나와 도시락을 사 가는 방법도 있습니다. 아무리 해도 시간이 없다면 후배에게 도시락을 좀 사달라고 부탁해도 좋습니다.

이런 것만으로 얼마든지 자신을 칭찬할 수 있습니다. 자신이 정한 일을 지속할 수 있다면 정기적으로 자신을 칭찬합니다. 매일 자신을 칭찬할 뿐 아니라 좋은 습관을 만드는 데 성공한 자신을 정기적으로 돌아봄으로써 한층 더 자신감을 키울 수 있습니다.

사소한 일 같지만 자신이 정한 것을 잘 지키면 욕구가 충족된 느낌이 자신감으로 이어지면서 자기긍정감이 높아질 것입니다.

90점을 받아도 실패했다고 느끼는 심리

"얼마 전에 이런 실수를 해서 우울해요"라고 털어놓았는데, 상대가 "그때 나도 거기 있었는데 실수라니 무슨 말이에요. 잘하던데"라고 말한 경험이 한 번쯤 있을 것입니다.

아무리 자신감을 쌓고 싶어도 작은 실수라도 저지르면 곧바로 '난 정말 되는 게 없어'라고 고민합니다.

당신은 무의식적으로 100점 만점을 원하고 있지 않나요? 뭐든 완벽하게 해내야 한다고 생각한 나머지 90점을 받아도 실패했다는 느낌이 드는 것입니다.

이런 사람들은 실패하면 자신의 가치가 떨어질 것이라는 두려움이 강합니다. 자신감이 없기 때문에 작은 실수나 자신이 잘하지 못하는 부분에 초점을 맞추게 됩니다.

일을 시작할 때는 '잘 안 되면 누군가에게 도움을 청하자'고 가벼운 마음으로 도전합니다. 물론 처음부터 대충 하면 안 되겠지만 주위에는 그런 마음가짐으로 일하는 사람들이 많을 것입니다.

당신만 슈퍼맨처럼 뭐든 완벽해야 하는 것은 아닙니다. 실패하더라도 '이럴 수도 있지, 뭐'라는 마음으로 다음에 개선할 수 있는 점, 구체적인 대책을 생각하면 됩니다.

이런 자세로 실패를 받아넘길 수 있으면 좋겠지만 그래도 우울해질 때가 있을 겁니다. 그럴 때는 억지로 긍정적으로 생각할 필요 없습니다.

'난 정말 한심한 인간이야'라고 부정적으로 생각하는 나 자신조차 긍정해주세요. 우울해서 자신을 부정적으로 생각할 때는 '이럴 때도 있다'라고 받아들여 주세요.

'부정적으로 생각하면 안 된다'라고 생각하면 오히려 자신에 대한 거부감만 더 커질 뿐입니다. '나를 부정해버리는 나도 있구나. 그럴 수도 있지'라고 받아들입니다.

속마음 들키지 않고 할 말 다 하는 **심리 대화술**

성공이 쉬워지는 생각 습관

　자신감이 없거나 쉽게 우울해지거나 걱정이 많은 사람은 다음 질문의 답을 한번 생각해보세요.

　"그런 불안과 자기부정감은 당신의 사고 습관 때문에 생겨난 것이 아닌가요?"

　사람들은 특정한 방향으로 생각하는 습관이 있습니다. 성공 경험이 많은 사람들은 새로운 도전을 할 때도 '한번 해보자', '이번에도 괜찮을 거야'라고 생각합니다. 반면 뭔가를 해보기도 전에 '어차피 나는 못 해', '역시 나는 안 돼'라고 부정적인 생각의 늪에 빠지는 사람들도 있습니다.

　실제로 지적받은 것도 아닌데 '오늘 부장님 기분이 안 좋은 건 나 때문인가?'라고 생각하거나, '거래처에서 문자 회신이 오지 않는 걸 보면 제안서 내용이 형편없어서인가 봐'라고 나쁜 쪽으로 생각하는 것은 사고 습관 때문입니다.

의식적으로 그런 사고 습관을 버리기 위해서는 메타인지를 연습해야 합니다.

메타인지는 조감도처럼 좀 멀리 떨어져서 자신을 관찰하는 것입니다. 쉽게 말하자면 유체이탈처럼 제3자의 시점에서 자신을 보는 것입니다.

예를 들어 상사에게 혼나고 있을 때 집중해서 들을수록 침울해지겠죠. 물론 자신의 실수라면 당연히 반성하고 개선할 점을 찾아야겠지만 일방적으로 질책을 받는 경우도 있습니다. 그럴 때는 상대의 말을 곱씹지 말고 상황을 실황 중계해보세요.

'정 대리, 너 지금 혼나고 있구나.'

'과장님은 또 엄청나게 화를 내시네.'

'하지만 과장님은 도대체 무슨 말을 하는지 모르겠어.'

이렇게 한 발짝 물러나서 상황을 바라보면 마음의 상처를 입지 않고 마무리할 수 있습니다.

실수했을 때 중요한 것은 침울해지는 것이 아니라 적절하게 대처하고 다음에 같은 일을 되풀이하지 않도록 대책을 세우는 것입니다.

속마음 들키지 않고 할 말 다 하는 심리 대화술

위압적인 분위기에 말려들어 머릿속이 하얗게 되면 자기 탓이 아닌 일마저 자기 책임이라고 느끼거나 냉철한 판단을 할 수 없게 됩니다.

이성을 잃지 않기 위해서라도 메타인지로 상황을 객관적으로 보는 연습을 해보세요.

메타인지는 상대가 존재하는 경우뿐 아니라 자신의 내면에서 일어나는 일에도 적용할 수 있습니다. 예를 들어 사소한 일로 우울해지는 경우에는 "난 정말 한심해"가 아니라 "너는 지금 정말 침울한가 봐"라고 제삼자가 되어 상황을 설명해보세요.

이것이 메타인지 연습으로, 자신의 사고 습관이 어떤지 알아차리는 데 도움이 됩니다.

기분 나쁜 감정을 잘 흘려보내는 법

안타깝게도 스트레스를 받지 않고 사는 사람은 없습니다. 무엇을 어떻게 하든 간에 스트레스를 겪게 마련입니다.

스트레스를 받지 않는다고 하면 단단해서 절대로 부러지지 않는 나무 같은 정신력을 상상합니다. 하지만 스트레스에 강한 정신력이란 '무슨 일이 닥쳐도 쓰러지지 않는 마음'이 아닙니다. 무조건 버티기만 한다면 언젠가 한계에 다다랐을 때 딱 소리를 내며 부러져버립니다.

스트레스를 관리하는 데 있어서 중요한 것은 버드나무처럼 상황을 유연하게 받아들이는 사고입니다. 스트레스를 현명하게 받아들이고 흘려버리는 방법을 익히면 스트레스에 강한 정신력을 가질 수 있습니다.

직장인들을 상담하면서 깨달은 것은 인간관계로 고민하는 사람들은 '스트레스 해소 방법이 없다'는 것입니다.

정신과 의사들은 이런 사람들에게 종종 '스트레스 해소법을 100개 만들어보라'고 제안합니다. 100개가 너무 많다면 50개도 괜찮습니다.

천천히 시간을 들여도 좋으니 스트레스 푸는 방법을 50개만 적어서 '나만의 스트레스 해소법 리스트'를 만들어보세요.

중국 음식을 좋아한다면 이렇게 적어봅니다.

- 중국집에서 군만두를 먹는다.
- 중국집에서 짬뽕을 먹는다.

생각만 해도 뛸 듯이 기쁘다거나 하지는 않더라도 가슴이 살짝 설레는 정도의 사소한 것도 좋습니다.

퇴근하면서 중국집에 들러 좋아하는 음식을 사서 집으로 들어가면 기분이 조금은 좋아지겠죠. 평일에도 쉽게 실행할 수 있는 작은 즐거움이기 때문에 일상생활에서 스트레스를 푸는 방법이 됩니다.

- 좋아하는 펍이나 카페에 간다.
- 헬스장에서 30분간 요가를 한다.
- 좋아하는 작가의 책을 산다.

'이게 무슨 해결책이야?'라고 할 정도로 사소한 것도 얼마든지 스트레스 해소에 도움이 됩니다. 스트레스를 받으면 기운이 없을 테니 에너지를 쓰지 않고 할 수 있는 것이 가장 좋습니다.

곧바로 행동할 수 있도록 '중국 음식을 먹는다'가 아니라 '집 근처 중국집에서 짬뽕을 먹는다'는 식으로 평소에 할 수 있는 일을 가능한 세세하고 구체적으로 적어봅니다.

'이집트 여행을 간다'도 좋지만 실행하기 쉽지 않습니다. 스트레스는 때와 장소를 가리지 않고 찾아오기 때문에 가능한 부담 없이 할 수 있는 것들을 적어야 합니다.

큰마음을 먹어야 실천할 수 있거나 평일에 할 수 없는 것은 50개 리스트와 별도로 주말이나 휴가용으로 따로 적어두었다가 나중에 시간이 나면 실행해봅니다.

스트레스 해소 방법 리스트를 만드는 데는 큰 이유가 있습니다. 스트레스에 짓눌려 있을 때는 자신이 무엇을 좋아하고 무엇을 즐기고 무엇을 하고 싶은지 도무지 생각나지 않습니다.

속마음 들키지 않고 할 말 다 하는 심리 대화술

그래서 평소에 자신이 좋아하는 것, 기분 전환이 되는 것들을 적어놓고 실제로 스트레스를 받으면 곧바로 실행하는 것입니다.

'오늘은 기획 회의가 있어. 프레젠테이션 때문에 긴장해서 스트레스가 말도 못 해'라고 느낀다면 이렇게 생각해봅니다.

"프레젠테이션을 마치고 퇴근하면서 중국집에 들러 군만두를 사 가야지."

무사히 프레젠테이션을 마치고 집에서 만두를 맛있게 먹었다면 프레젠테이션 결과와 상관없이 '내가 결정한 것을 잘 실천했다'라고 자신을 칭찬해주세요.

이것이야말로 사소하지만 자신을 보살피는 일입니다.

성가신 사람이 내 주위에 있든 없든 상관없이 스트레스는 누구에게나 찾아옵니다. 스트레스를 받아도 그때마다 자신을 잘 돌보면 점차 스트레스에 강해질 것입니다.

무작정 참지만 말고 스트레스를 현명하게 받아들이고 해소해서 건강하게 일상을 즐기세요.

나를 힘들게 하는 사람들에게 신경 *끄기*

이제부터는 인상 깊었던 A씨에 대해 이야기해보겠습니다. A씨는 제가 산업의로 방문하는 기업에서 사무직으로 일하는 30대 여성입니다.

그녀는 상사와의 관계로 고민하고 있었습니다. 상사는 평소 명령조에 고압적인 태도로 지시하는 사람이었습니다. A씨는 '상사를 보면 자기도 모르게 움찔움찔할 만큼 힘들다'고 털어놓았습니다. 부서 이동 시기가 아니어서 상사와 물리적으로 거리를 둘 방법이 없었기 때문에 상담하게 된 것입니다.

A씨도 상사를 바꾸기는 어렵다는 것을 알고 있었습니다. 하지만 이대로 가면 몸과 마음의 균형을 잃을까 봐 몹시 불안해했습니다.

그래서 우선 언제까지 노력할 수 있을지 함께 고민했고, '반년 뒤 인사이동까지'라고 기한을 정했습니다. 앞으로 6개월 동안은 변함없이 괴로운 시간이 계속된다는 뜻이기도 했죠. 그래서 이 책에서도 소개한 방법을 중심으로 실천해보라고 조언했습니다.

처음에는 걱정이 태산이었던 A씨도 기간을 정하자 '정 안 되면 회사를 그만둘 수도 있다'고 마음의 여유를 가지면서 조금씩 노력할 수 있었습니다.

의지가 부러질 것 같은 순간도 있었지만 '나는 주어진 일을 해낼 수 있다'는 신념을 갖고, '무슨 일이 있으면 갑질의 증거로 삼자'라고 긍정적으로 생각하며, 상사와의 관계를 최소화하는

데 주력했습니다.

지금까지는 상사 앞에만 서면 '혼나면 어떻게 하지'라는 생각으로 눈치를 보거나 그 자리를 얼른 벗어나고 싶은 초조함에 빨리 말했습니다. 하지만 의식적으로 말하는 속도를 늦추면서 여유 있는 태도를 가지게 되었습니다.

그러자 상사도 A씨가 무슨 생각을 하는지 알 수 없다는 기묘한 느낌을 받았는지 길게 질책하는 대신 한두 마디 주의를 주는 정도로 바뀌었습니다.

A씨가 이렇게 변화된 관계에 만족하고 있을 무렵, 약속한 반년이 되었습니다. 결국 인사이동은 없었으므로 A씨가 퇴사할 거라고 생각했습니다. 그런데 A씨는 상사와 잘 지낼 수 있다는 생각이 들어 회사에 남기로 선택했습니다. 마침 그 시기에 재택근무 제도가 도입되어 물리적으로 거리를 둘 수도 있었기에 더욱 편안한 관계를 유지할 수 있었습니다.

직장 내 인간관계는 쉽게 바꿀 수 없기에 매우 성가신 문제입니다. 그렇다고 그 성가신 일을 외면하고 계속 참다 보면 몸과 마음이 너덜너덜해집니다.

A씨처럼 몸과 마음의 건강을 잃기 전에 생각을 조금만 바꾸고 행동 요령만 숙지하면 상당히 편안한 관계로 바뀌는 경험을

할 수 있습니다.

다만, 그래도 마음의 상처는 쌓일 것입니다. 그러니 자신의 마음을 잘 보살펴주세요. 힘든 환경에서 열심히 노력하고 있는 자신을 듬뿍 칭찬해주세요. 자기를 칭찬하는 것이 서툴다면 자신을 보살피는 것부터 시작하세요.

마지막으로, 비록 당신이 의료 종사자라고 할지라도 정신적으로 여유가 없다면 고통을 겪고 있는 사람을 도울 수 없습니다. 그러기 위해서는 모든 사람을 항상 전심전력으로 대하지 않고 현명하게 피하는 것이 얼마나 중요한지를 가르쳐주신 고쿠부 병원(国分病院)의 기노시타 히데오(木下秀夫) 선생님께 깊은 감사의 마음을 전합니다.

이노우에 도모스케

속마음 들키지 않고
할 말 다 하는 **심리 대화술**

초판 1쇄 발행 | 2023년 08월 17일
초판 3쇄 발행 | 2023년 10월 17일

지은이 | 이노우에 도모스케
옮긴이 | 오시연
펴낸이 | 정서윤

편집 | 추지영
디자인 | 지 윤
마케팅 | 신용천
물류 | 책글터

펴낸곳 | 밀리언서재
등록 | 2020. 3. 10 제2020-000064호
주소 | 서울시 마포구 동교로 75
전화 | 02-332-3130
팩스 | 02-3141-4347
전자우편 | million0313@naver.com
블로그 | https://blog.naver.com/millionbook03
인스타그램 | https://www.instagram.com/millionpublisher_/

ISBN 979-11-91777-36-9 03190

값 · 17,000원